人生を再設計する
魔法のフレームワーク

LIFE ライフ キャリア CAREER

原尻淳一 × 千葉智之

プレジデント社

はじめに

本書の目的

この本は、**読者に「第2の人生を早期にデザインし、準備するための考え方やツール」を提供する**ものです。

普通のサラリーマンにとって、人生100年時代の課題は、65歳で退職した後、残りの35年間を退職金と年金で本当に暮らせるのか、という点でしょう。これまでは人生80年といわれ、退職金と年金で老後を暮らす算段がつきましたが、今では20年もの余分な時間を自力で賄《まかな》わなければなりません。

多くの人は、現役時代も我慢の連続だったのに、**老いてなお「やらされ仕事」をする必要があるのか**、とうんざりするかもしれません。この課題にどう対処すべきでしょうか？　この本が提案するのは、退職金と年金に加えて、「第3のパーソナル・ビジネス（小さな個人事業）を持つこと」。つまり、3つ目の収益源を構築し、お金に関する不安を解消することです。

そして、それは**やらされ仕事ではなく、自分に内在する無形資産を最大限に活用して、やりがいのある、自分がオーナーの小さな事業をつくること**で実現します。換言すれば、人生を自営し、自衛することです。その一つの解になるものを読者に提示するのが、本書の目的です。

本書の特徴

この本の特徴は４つあります。

1 これまでの**仕事上のキャリア構築（＝ワークキャリア）に固執することなく、長い人生のキャリア構築（＝ライフキャリア）に読者の視点を切り替えること**で、今後のあり方を考えるように設計しています。

キャリア論の権威であるＤ・Ｅ・スーパーは、キャリアについて「生涯過程を通して、ある人によって演じられる諸役割の組み合わせと連続」と定義しました。彼は、単に仕事のみに焦点を当てず、家庭や社会でのさまざまな役割を経験し積み重ねることで、自身のキャリアが形成されていく、と考えました。人生１００年時代は、まさにスーパーの考え方にマッチしています。

この考えを基礎にしながら、読者の長い人生を価値あるものに変換していくヒントを提供します。

2 **ライフキャリアの手助けをするフレームワーク「キャリア・ビルディング・ブロック（CB B）」**を丁寧に解説し、読者に提供していきます。

このツールのユニークな点は、フレームワークを進めることで、読者の意識が自然とライフキャリア視点に変わっていく点にあります。単なるキャリア・デザインのツールではなく、意

本書のゴール：自分の人生を「自営し、自衛する」

第２の人生を準備し、退職後、収益の3本柱を確立すること

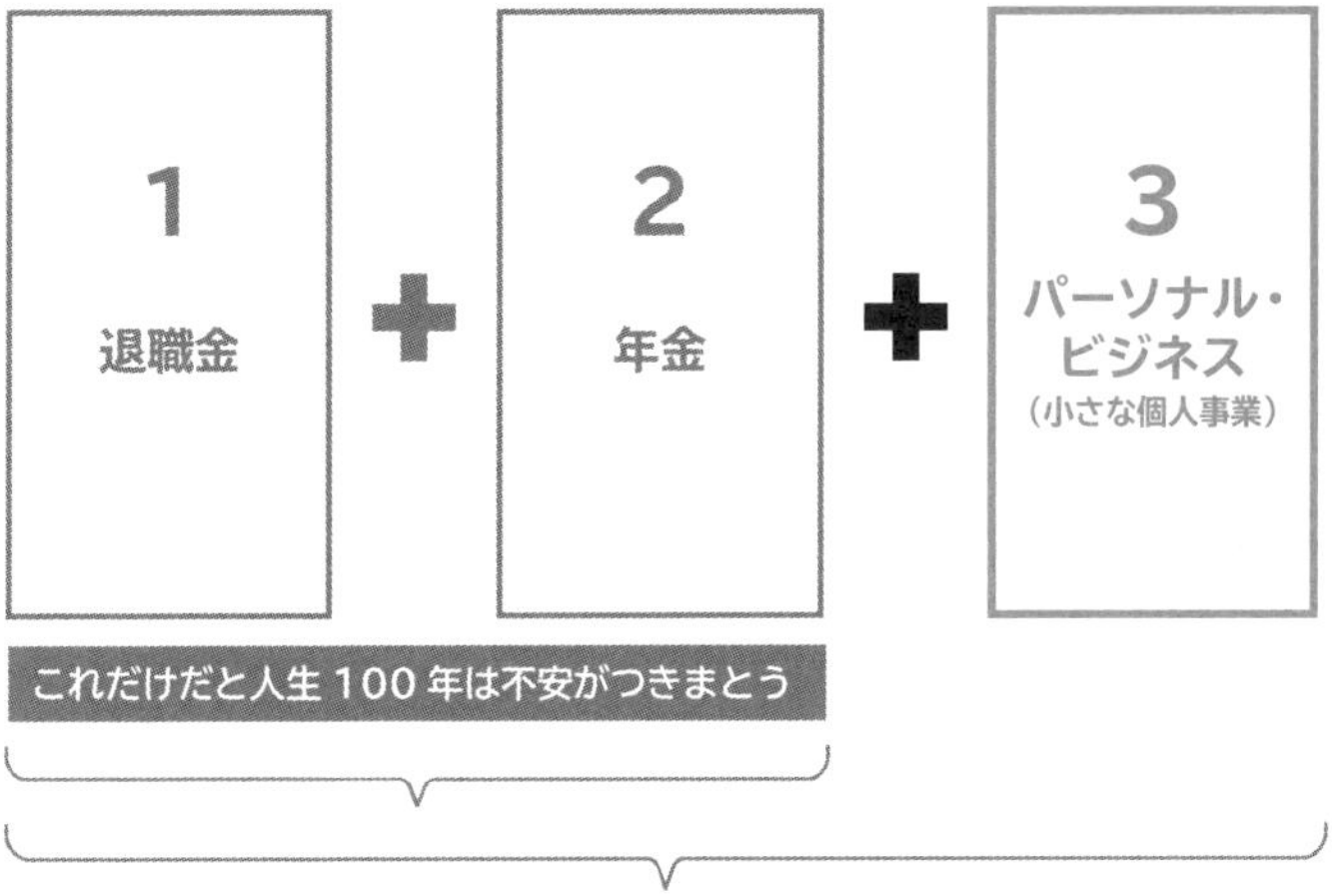

自分のやりたいことで小さく個人事業化し、
３つ目の収益源を確保する
（やりがいのある仕事を生み出し、収益も安定し、
幸福度も増すライフデザイン）

味の意識変換を促すリフレーミング・ツールでもあります。

3「幸せ（幸福、ウェルビーイング）」の研究をもとに、読者の人生とキャリアを統合することに注力しました。

人間は年齢を重ねると、さまざまな困難に直面します。仕事上の問題、親しい人の病気や死、両親の介護、自分自身の健康の問題など、課題は多岐《たき》にわたります。しかし、近年、「幸せ」に関する研究が進展し、人々が幸せを感じるための重要な手がかりが明らかになっています。これらの要素をライフキャリアに組み込み、**心身ともに充実した人生を送るための方法を提案**します。

4各章の構成は、前半：ストーリー、後半：解説となっています。2人の筆者のうち、千葉がストーリー、原尻が解説を担当しています。解説のみのキャリア本と違い、2部構成にしたのは、キャリア・デザインに共感性を入れ込みたかったからです。

本書で描かれるストーリーには、千葉自身の経験や友人・知人に実際に起きた出来事を交えています。解説部は、原尻がキャリア・ビルディング・ブロックに基づいた「未来型キャリアデザイン研修」の内容をベースに描いています。理論やデータとともに、実際の研修で受講者から質問されたことや議論したことを加味して、読者が抱くキャリアに関する不透明さを解消するよう心がけています。

本書の想定読者

この本は、**団塊ジュニア世代（1971～1974年生まれ）のサラリーマンを第1の想定読者**としています。団塊ジュニア世代は、日本の生産人口の約10％を占め、現在、日本のビジネス界を主導している多数派でもあります。

今、この団塊ジュニア世代が50代前半になりました。50代のサラリーマンは「昇進・昇格」の余地が狭《せば》まり、仕事に対するモチベーションが低くなる時期にあたります。

リクルートワークス研究所の「定年後のキャリア論―いまある仕事に価値を見出す―」によると、年齢によって仕事に対する価値観が変わっていくことがわかります（7ページ図表参照）。

20代から40代までは、「高い収入や栄誉」が最も価値を感じる要素でした。しかし、50代前半になると、社内での昇進や管理職のポスト競争に終止符が打たれます。これ以上の給与の上昇が見込めなくなると、これらの要素が重要ではなくなり、仕事全体に対する価値観が低迷します。これまでのように「高い収入や栄誉」を追求し続けるのは難しく、新たなキャリアの価値観を模索する時期となるのです。

一部の人は、新たな希望を求めて早期退職や転職を検討するかもしれません。ただし、現実は容易ではありません。厚生労働省の「令和2年　雇用動向調査」によれば、50代前半の男性の再就職率はわずか4・2％だそうです。50代の退職は慎重に考える必要があります。

会社に残る場合でも、退職金の支給額は年々減少傾向にあります。厚生労働省の「就労条件総合調査」によれば、2003年には2499万円だった退職金の平均額が、2018年には1788万円まで減少しました。会社を離れれば生活リスクが高まり、勤め上げても報酬は少ない可能性が高くなる状況です。

さらに「2040年問題」も待ち受けています。団塊ジュニア世代が65歳以上になる2040年以降、高齢者人口が最大になり、労働力が不足することから、社会保障費用（年金、医療費など）が増加するという政府の財政問題です。これにともない、年金の支給開始年齢の引き上げも検討されているようです。

データや情報から、**団塊ジュニア世代が直面する未来はとても厳しいものになる**ことが容易に予測できます。しかし、退職を迎える65歳までに、まだ時間はあります。**団塊ジュニア世代にとって、積極的に行動し、「第2の人生」を再設計するタイミングは「今」**なのです。

第2の想定読者は30代のサラリーマンです。現場を任されるようになり、自分が仕事を動かしている実感を持つ時期でしょう。一方で、自分の価値を高めようと、転職を考え始める時期でもあります。このタイミングで、一度自分のビジネス経験の〝棚卸し〟をし、自分の価値とは何なのか、冷静に分析する必要があります。

果たして、外に出るべきか。会社の中を再度見渡して、自分が求める部署を見つけて社内転職を企《くわだ》てるのか。そういった悩みのタイミングで、ライフキャリアの視点を獲得し、会社の看板をはずしたまっさらな自分で、ビジネスを生み出すことができる本当の実力を身につけるきっかけにしてもらいたいと思っています。

結果調査　仕事にどの価値を感じるか

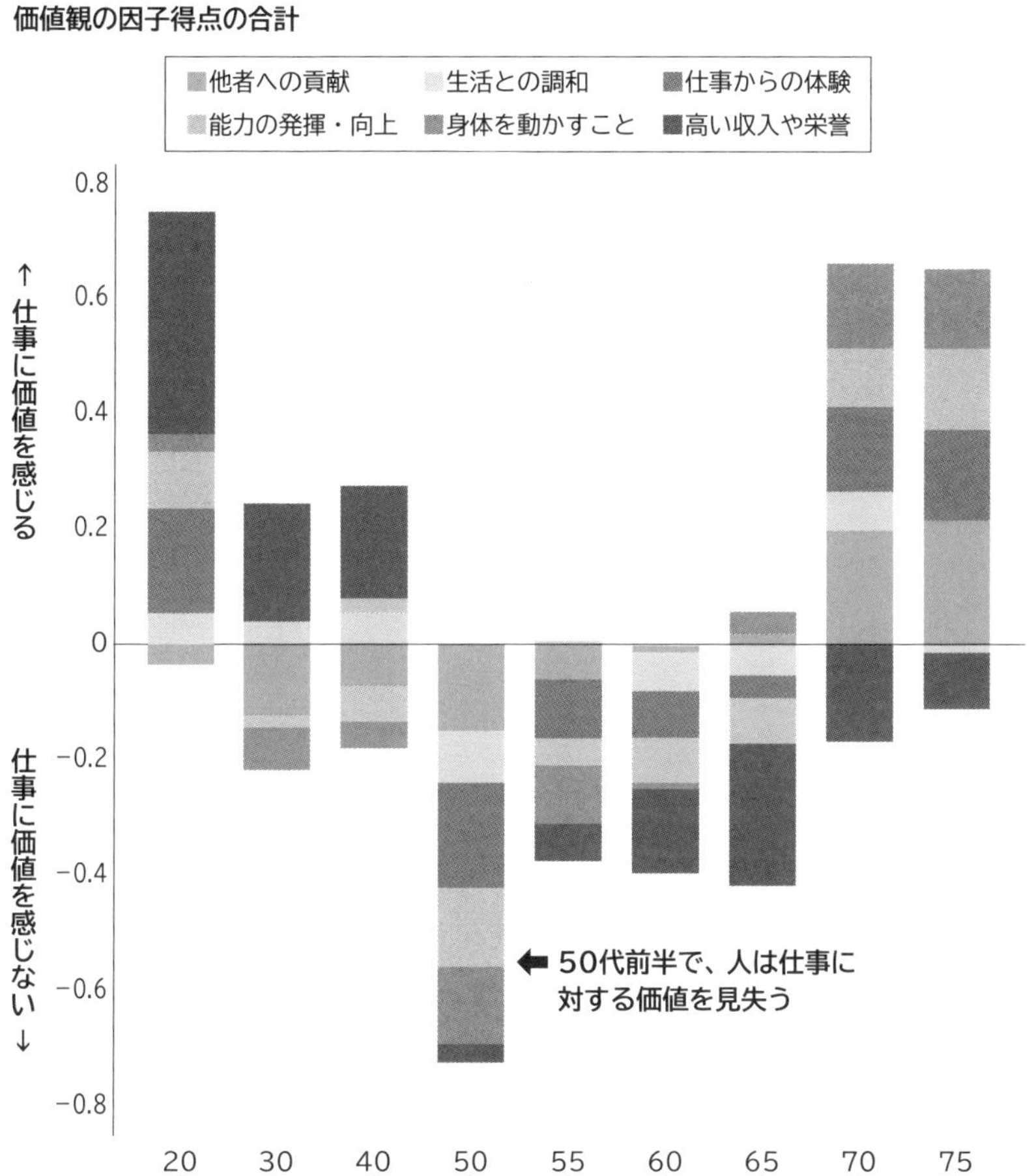

出典：リクルートワークス研究所「定年後のキャリア論―いまある仕事に価値を見出す―」（P22）より抜粋

本書の構成

この本は、大きく5つの章で構成されています。

第1章のテーマは「再起」です。物語は、50歳になった会社員の秋山和真が社内競争に限界を感じ、働くモチベーションが減退するところから始まります。おそらく働く団塊ジュニア世代の多くが直面している悩みだと思います。この状況から、秋山が「再起」するきっかけを摑《つか》む様子が描かれます。

解説では、キャリアという概念の変遷を辿ります。意外に思われるかもしれませんが、「キャリア」という言葉は、日本においては比較的新しい概念です。**昭和の時代には、今日的なキャリアの概念はありませんでした。**

平成、令和と時代が進む中で、キャリアは多様化していきます。バブル経済がはじけて、日本型企業経営が揺らぎ始める1990年代から、ビジネス書のタイトルに「キャリア」の言葉が目立つようになりました。さらに、大学の就職課はキャリアセンターへと名称変更され、ウェブの転職サイトが生まれると転職の動きが活発になります。外資系企業のキャリア・スタイルが広まり、今日的なキャリア概念が多くの人々に定着していきました。時代の変化によって、働き方も変わります。

このようなキャリア概念の変化を、時代環境に合わせて「昭和型キャリア」「平成型キャリア」「令和型キャリア」に分類し、丁寧に論じていきます。

第2章のテーマは「再現」です。秋山がいよいよ「ライフキャリア研究所」の平賀学所長と出会い、将来ありたい自分の姿をイメージしていく「キャリア・ビルディング・ブロック」を理解していきます。

解説においては、本書オリジナルのフレームワークである「キャリア・ビルディング・ブロック」について詳しく説明します。このフレームワークは、従来のようにキャリアというものを会社や仕事に限定することなく、プライベートを含む人生全体で考えるツールです。

キャリア・ビルディング・ブロックは、**「無形資産」**の種類と成長段階で5つのブロックに分かれています。私たちは「ビジネス領域」のブロックと「プライベート領域」のブロックという2つの視点から、自分に備わる無形資産を整理していきます。これにより、本業で培《つちか》ったビジネス構想力や収益化の知識・スキルと、趣味や特技の成長を通じて育ててきた能力を組み合わせて、**パーソナル・ビジネス（資産融合）のブロック**を築いていきます（65ページ参照）。

第3章のテーマは「再考」です。何を再考するのかといえば、会社です。会社の新たな意味を見出す方法に焦点を当てています。ライフキャリアの観点から見ると、ビジネスで本当に肝心なのは地位や役職ではなく、**ビジネスを創り出す創造力と実行力**です。これが本当の「ビジネス力」というものでしょう。

この章では、「ビジネス創造資産」という考え方が紹介されています。これは、自分でビジネスを構築する能力や資産を指します。そのビジネスを生み出すための資産をどれくらい持っているかを確かめる手法が「＋40型チェック」です。このチェック項目を確認することで、現状の保有資産を確認することができます。経験や資産を会社から与えられるのではなく、社内に点在するビジネス創造資産を自ら見つけ出し、蓄え続けることが重要です。これが新しいライフキャリアのスタートに必要な行動変革なのです。

第4章のテーマは「再認」です。この章では、趣味と特技がライフキャリアにおける重要な資産であることを再認識していきます。

一昔前、趣味は仕事のストレス発散の手段と考えている人が多かったと思います。しかし、SNS時代の今、趣味や特技は、あなたのキャリアにおける立派な資産であり、新たな価値となる可能性を秘めています。

この章では、すでにうまくビジネス転換されている事例を紹介していきます。日本の人々は「自分には特技なんてありません」と謙遜する人が多い傾向にあります。しかし、この本で言う「特技」とは、他人に教えることができるスキルや知識を指します。

特技は、ライフキャリアを通じて楽しみながら磨き上げる資産であり、他人に教えることで幸せにつながる、人生のモチベーションを維持するうえで大事な要素です。この章では、趣味や特技は単に仕事のストレス発散になるものではなく、ライフキャリアにおける大事な資産だという意識転換を図ります。

第5章のテーマは「再生」です。物語の主人公の秋山は、平賀所長に導かれるように、第2の人生でありたい姿を見出し、それに向かって動き出します。人生100年時代の後半戦で、まさに人生を再生させていきます。

解説では、ビジネス創造資産と特技を融合し、**幸せなライフキャリア（＝福業）を築く方法**に焦点を当てます。創造レベルの資産を最大限に活かすことは、幸せな未来を築くための一歩です。特技によって高いモチベーションを持ち、その力をビジネス創造資産と融合させて、ライフキャリアを構築することが最終的な目標です。

また、幸福を決定する因子についての調査研究や、幸福論、ウェルビーイング研究のポイントと「キャリア・ビルディング・ブロック」の関係性について詳しく説明します。重要なのは、他者との比較に囚われるのではなく、自分自身の絶対基準を持ち、幸せなライフキャリアを創ること。この章では「幸せな未来への鍵」について考えていきます。

本書の使い方

本書の物語は、架空の「ライフキャリア研究所」所長の平賀と受講生の秋山の会話を中心に構成されています。キャリア・ビルディング・ブロックを組み立てるワークを行いながら、平賀所長と話し合うことで、秋山自身が徐々にライフキャリアについて理解していく内容になっています。

読者の皆さんは、秋山の物語を読みながら、実はご自身がライフキャリア研修を受けている形になります。

秋山が実際に物語の中で行うワークシートを本書の巻末に掲載しています。ぜひ、秋山と一緒に平賀所長の講義を受講してください。そして、秋山の事例を参考にしながら、読者の皆さんも一緒にワークシートに自身のライフキャリアを描いてみてください。ワークシートを書き終えたとき、きっと第3の収益の「原型」が現れているはずです。

読者の皆さんが、主人公の秋山のように自身のライフキャリアを思い描き、一緒に踏み出すことができたら、こんなに嬉しいことはありません。

それでは、人生を再設計する旅に出かけましょう。

ライフキャリア——人生を再設計する魔法のフレームワーク——目次

解説｜「キャリア・ビルディング・ブロック」とは　103

第3章｜再考｜会社の新しい意味を見出そう

第4章　再認　ライフキャリアの秘めたる宝

巻末付録

ライフキャリア

人生を再設計する
魔法のフレームワーク

LIFE CAREER

第1章

再起

ワークキャリアから
ライフキャリアへ

LIFE CAREER

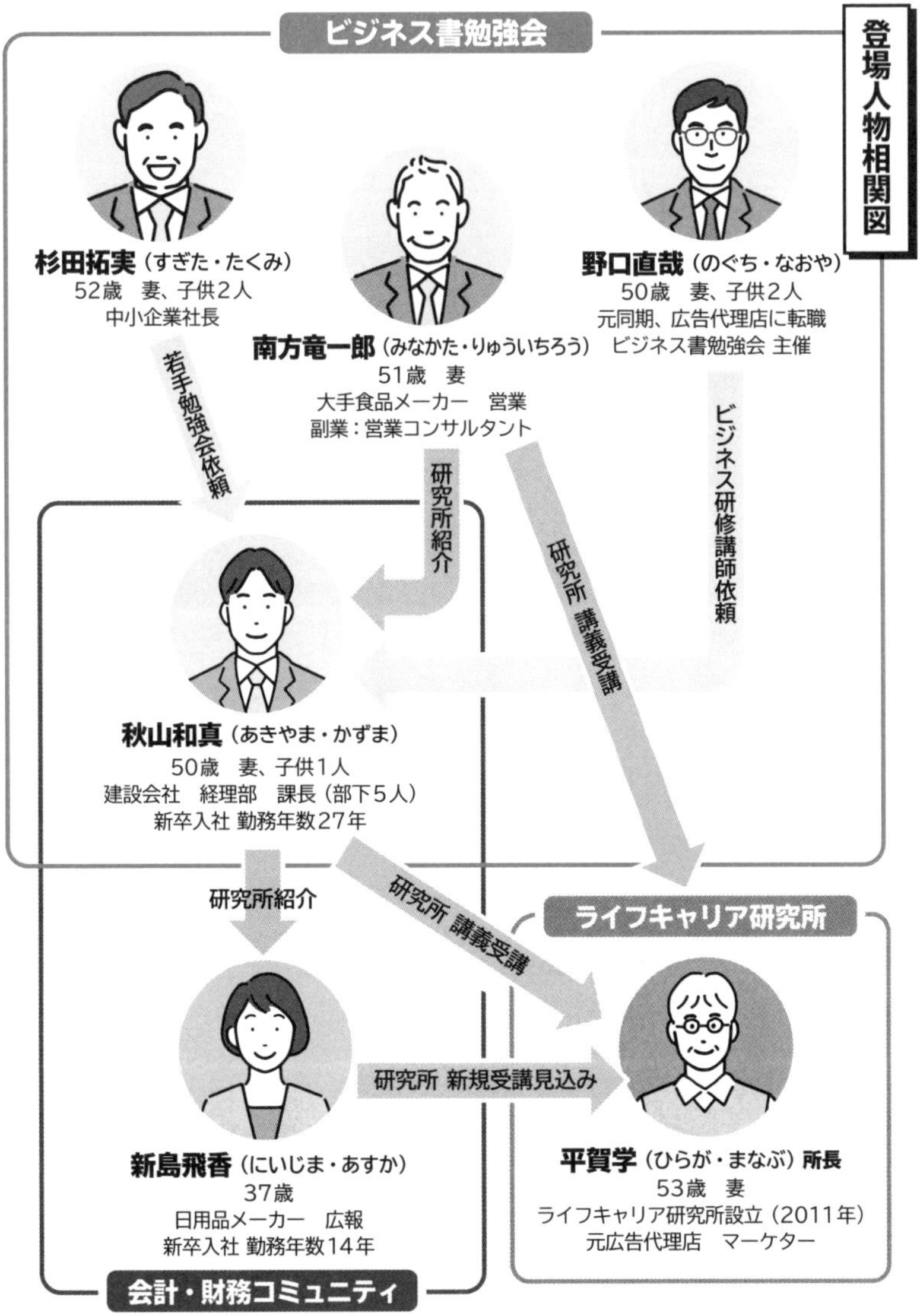
登場人物相関図
ビジネス書勉強会
杉田拓実（すぎた・たくみ）
52歳　妻、子供2人
中小企業社長
南方竜一郎（みなかた・りゅういちろう）
51歳　妻
大手食品メーカー　営業
副業：営業コンサルタント
野口直哉（のぐち・なおや）
50歳　妻、子供2人
元同期、広告代理店に転職
ビジネス書勉強会 主催
若手勉強会依頼
研究所紹介
研究所 講義受講
ビジネス研修講師依頼
秋山和真（あきやま・かずま）
50歳　妻、子供1人
建設会社　経理部　課長（部下5人）
新卒入社 勤務年数27年
研究所紹介
研究所 講義受講
ライフキャリア研究所
新島飛香（にいじま・あすか）
37歳
日用品メーカー　広報
新卒入社 勤務年数14年
研究所 新規受講見込み
平賀学（ひらが・まなぶ）所長
53歳　妻
ライフキャリア研究所設立（2011年）
元広告代理店　マーケター
会計・財務コミュニティ

プロローグ——見えてきた将来の限界

秋山和真は１９７３年生まれの50歳。現在は大手建設会社の経理部に勤務している。

秋山が社会人になった１９９６年は、新卒一括採用、終身雇用、年功序列が色濃く存在し、まだまだ昭和の余韻が残っていた。秋山は何の疑いもなく、周りの友人と同じように高校・大学と受験競争をくぐり抜けていった。就職氷河期の厳しい環境下で、安定していて潰れそうにない大手建設会社の内定を得て、そのまま迷わず就職した。

当時、転職するのは異端で、一度入社したらその世界がすべてだった。それゆえ、出世や昇給、会社からの評価が人生の柱となっていく。愛社精神を胸に、社内でつながりを作り、努力を重ねて仕事の腕を磨いていく。外の世界には目もくれず、社内の競争に没頭する日々が続いた。

やがて秋山は結婚し、子供を授かり、大きな失敗や挫折を経験することもなく、気がつけば30年近い年月が流れていた。50代になった今、ふとある考えが浮かぶ。

「このまま会社にいても、せいぜい次長止まりだな」

同期や先輩たちの姿を見ていると、昇進や給料アップの限界がリアルに感じられた。先を見通しても、かつて目指していたゴールのようなものが霞《かす》んでしまう。広がるはずだった未来の可能性が、急に狭《せば》まっていくような気がしてならない。

モチベーションは急降下した。ゴールを見失った仕事に情熱を注ぐのは容易ではない。秋山はその現実を前に、そこはかとない虚《むな》しさを覚えながら、「これからどんな目標を掲げて頑張ればいいのか……」と、心が千々に乱れた。


ある日のこと、かつての同期、野口直哉との会食の機会が舞い込んだ。秋山の働く建設会社では稀《まれ》な例なのだが、野口はまったくの異業種である広告業界に転職した。それから10年が経過していた。

再会した野口は、自分とは対照的に、強い輝きを放っているように秋山には見えた。野口は勤め先の業務の傍《かたわ》ら、趣味の読書が高じてビジネス書の勉強会やサークルを主催しているという。

そこで得られる知的な発見や面白さ、出会う人々との新たな刺激について語る野口の熱気に圧倒された。給料や地位に執着することなく、知的好奇心や個人活動に没頭するその姿に、秋山は嫉妬《しっと》した。

「なんで、野口はこんなに楽しそうなんだろう？　それに比べて、俺のこの虚しさはなんだろうな」

秋山は自覚していなかったが、このとき初めて、会社だけではない自分の人生、**ライフキャリア**について真剣に考え始めた。

新たな希望

その日からしばらく、秋山は野口の活気に満ちた笑顔を忘れることができずにいた。燻《くすぶ》っている自分。対照的に、情熱的に未来を語る野口……。その姿に羨望《せんぼう》の念さえ湧いてきた。

さらに数日経って、秋山は野口から「自分が主催する『ビジネス書勉強会』に参加しないか」と誘いを受けた。最初は、知り合い同士でお酒を飲みながら最近読んだ面白い本を紹介し合う小さな会だったそうだ。だんだん参加者が増えていき、今では定期的に開催する立派な勉強会に成長したらしい。

読書家を自任する秋山は、プライベートでもスキルアップのために財務やマーケティングなどのビジネス書をたくさん読んでいた。興味が出てきて、一度参加してみることにした。

野口が主催する勉強会は、一人一冊のビジネス書を持ち寄り、その本の魅力をそれぞれ発表するというものだった。参加者の本業はメーカー、商社、アパレル、ＩＴ、飲食と幅広く、業種も職種もバラバラ。新人の若手社員から中小企業の社長までいる。秋山にとって縁のない業界や職種の人々の視点や解釈は新鮮で、発見と学びに満ちていた。

とくに、勉強会の後の懇親会は新たな体験だった。お酒を飲みながら、仕事上の利害関係がない人々と交わす自由な会話は刺激的で、共通の趣味であるビジネス書の話題で盛り上がった。ＩＴ関係の参加者からは、最新の業務用ツールからテクノロジーの進化、最近話題の生成ＡＩの情報までさまざま聞かされ、知らない世界に触れた感覚に、興奮した。

秋山が強く感じたのは、「自分の会社の常識は、世間の非常識なのかもしれない」ということだった。狭い会社の中で燻っていたが、その枠組みから解放され、初めて広大な海へと飛び出した小さな魚のように、ワクワクした気持ちになっていた。

勉強会に参加するようになってしばらく経ったある日、50人ほどの社員を抱える中小企業を経営している杉田拓実から相談を受けた。杉田は、建築系のリース機器や機材を扱う会社「株式会社スギタレンテック」の2代目だ。業種も近いことから話が合ううえに、人情味があってカラッとした性格だったことから、秋山は彼に友情に近い感情を抱いていた。

杉田 秋山君、よかったらうちの営業や企画の若手メンバーに、財務や会計の基礎を教えてやってくれないかな？　お客様に売上アップの提案をするときに「儲けの仕組み」である貸借対照表（ＢＳ）、損益計算書（ＰＬ）や決算の仕方がわかってないと、浅くて薄っぺらいものになっちゃうんだよね。

　俺は社長なのに、情けないことに数字はそんなに得意じゃないんだよ。秋山君は財務のプロだから、わかりやすく教えられるよね。もちろん謝礼も払うから、ぜひお願いしたいんだけどなあ。

秋山 えっ、杉田さんの会社の社員に財務や会計の指導ですか？　いやいや、無理ですよ。これまで人に教えたりしたことはないですから。

杉田　大丈夫だよ。業界も近いから、秋山君はうちで扱っている商品や現場のこともわかっているし。先日この勉強会で紹介していた「初心者向け会計本」の説明がとてもわかりやすくて、これならうちの若手でも理解できるって確信したんだ。新人にレクチャーすることとか、秋山君の会社でもあるよね。助けると思って引き受けてくれないかなあ。

秋山　新人を指導することはなくはないですが、社内向けのごく簡単なものですよ。本格的な研修は人事部の範疇《はんちゅう》なんです。
……ただ、そこまで言われるなら、杉田さんの頼みですし、僕でよかったら引き受けてもいいですよ。ただし、結果は保証できませんよ。

思いもよらぬオファーに驚いた秋山。「自分でいいのか?」と疑問を抱きつつも、「困っている杉田さんの役に立つなら」という気持ちもあった。逡巡したが、結局はその依頼を受けることにした。業務とは関係ないプライベートな活動として、早朝や夜、週末など、仕事の合間の時間を使って準備を進めていくことにした。

確かに近い業界なので、杉田の会社の社員の仕事内容はだいたいイメージできている。ただし、他社の社員に正式に教えるのは初めてのこと。どんな内容の勉強会にすれば若手にもわかりやすく伝えられるか自信がない。

　そこで、事前に杉田の会社の若手社員の一人から業務内容についてヒアリングをさせてもらうことにした。業務内容だけでなく、今回参加する若手社員の一日の行動や、経理や会計周りで実際に困っていることなどを具体的に聞き出した。

　詳しく話を聞いていくうちに、「みんな、想像以上に基本的な部分でつまずいている」という印象を受けた。秋山は、「これなら自分が助けになれる部分は多いかも」と感じ、彼らの理解度に合わせた資料を作り込んでいった。

　そして、いよいよ勉強会の日を迎えた。


　8月、秋山は夏真っ盛りの水曜日の夜に、江戸川区の湾岸にある「スギタレンテック」を訪れた。最寄りの地下鉄駅から徒歩15分ぐらいの場所だ。

　3階建ての本社ビルの前面には、広い駐車場がある。その横の資材置き場には建設用の重機やリース機材が並んでいる。秋山は、想像していたより何倍も大きな建物と設備に気圧される気がした。

　受付で名前を告げると、すぐに杉田が出迎えてくれた。

杉田　やあ、秋山君、こんなところまで来てもらってありがとう！　歩いてきたのかい？駅から結構遠かっただろう。

秋山　いえ、運動不足解消にちょうどいい距離でしたよ。それにしてもすごく立派な社屋と設備ですね。びっくりしました。

杉田　そう？　まあ、東京都内にしては広い敷地だよな。親父の代から引き継いだものだから、別にすごくもなんともないけどね。

それはそうと、今日はうちの若手がみんな楽しみにしているよ。こちらの会議室にどうぞ。

2階にある会議室に通されると、そこはゆうに30人は入れそうな広い部屋だった。スクール形式に綺麗に並べられた長机に、すでに10人程度の若い社員たちが座って待っていた。作業服の社員もいれば、スーツ姿の社員もいる。

杉田　みんな、今日は知り合いの秋山さんに「財務と会計の基礎勉強会」をやってもらいます。ビジネスをするうえでいちばん大事なお金の話をわかりやすく解説してもらいます。

秋山さんは、大手建設会社で長らく経理や財務を担当してきたプロフェッショナルだから、我々のビジネスのこともよくご存じだ。わからないことがあったら、どんどん質問して、しっかり吸収するように。

それでは秋山さん、よろしくお願いします。

秋山　杉田さん、あまりハードルを上げないでくださいよ！
皆さん、こんにちは。杉田社長にご紹介いただいた秋山です。自分の会社以外でこうやって話をするのは初めてのことなので、どこまでお役に立てるかわかりませんが、一生懸命頑張ります。

勉強会が始まった。若手社員に向け、財務と会計の基礎を2時間かけて教えるという長丁場だ。

秋山は初めての経験に極度に緊張し、最初は自分が何を話しているのかわからないくらいだった。自然と額から汗が噴き出していく。

ただ、事前のヒアリングで若手社員の業務内容や特徴を把握し、彼らのレベルに合わせた資料を用意していたので、段取り通りに順番に話を進めるうちに緊張もほぐれていった。

今日の内容は、なんといっても自分の得意分野だ。そう思ったらリラックスすることができ、次第に調子を上げていった。

講義の内容には実際に現場で起こるケースを多く入れていたため、具体的でわかりやすかったのか、参加者の表情もどんどん明るくなっていった。秋山は手ごたえを感じた。

質疑応答も盛り上がり、気がつけばあっという間に予定時間を過ぎていた。時間配分まで気を配れず、結局20分もオーバーしてしまったところは反省点だ。

勉強会を終えて、自分が当たり前だと思っていたことが、ほかの人にとってこんなにも役立つのかと秋山は驚いた。久しぶりに感じる充実感。そしてなにより楽しかった。

後日、杉田からお礼の連絡があった。「秋山君、前回の勉強会、素晴らしかったよ。あれから若手の営業担当者が『会社の財務全体を理解できたので、提案の幅が何倍にも広がりました！』って、嬉しそうに話してくれたんだ。次回またぜひお願いしたいよ。本当にありがとう！」。謝礼として渡されたのは5万円だった。

「充実感があって、人の役に立てて、そのうえお金までもらえるなんて。こんな楽しいことなら、もっとやりたいな」と秋山は心から思った。

金額もさることながら、人に教えることの充実感は言葉にできないものだった。自分の新たな可能性を発見した秋山は、思いがけないところから、自分でもそうとは気づかず福業への第一歩を踏み出すことになったのであった。

蘇った記憶

初めての謝礼を手に、改めて勉強会の日のことを思い返す秋山。勤め先の給料以外に、自らの力で報酬を得たことは、長いサラリーマン人生の中で初めての経験だった。達成感と少しの自信、未来へのワクワク感が胸に満ちていた。

杉田の会社での勉強会の件が人伝《ひとづ》てに評判となり、ビジネス書勉強会の別の参加者からも財務と会計の基礎勉強会をやってほしいと声がかかるようになった。会社ではなく、個人として人に必要とされることは喜びであり、人の役に立つことが自己充足感をもたらすことを秋山は改めて感じていた。

秋山は、声をかけてくれる人の期待に応えようと、相手のニーズを細かくヒアリングし、要望に合わせて勉強会を調整していった。その丁寧な対応から、次第に口コミでの依頼が増えていき、お金を受け取りながら会計を学ぶ機会を提供する自信を深めていった。

忘れていた「ある思い」が突然、秋山の心に蘇ってきた。

実は学生時代まで、秋山の夢は教師になることだった。初めて感銘を受けた学びの体験は小学校時代に通った学習塾だった。担当の原田先生の話は興味深くて、わかりやすく、毎回勉強が楽しくなるような授業を展開してくれた。原田先生に可愛がられたことで、秋山の成績は目覚ましく上昇していった。

子供ながらに「教え方の差で、こんなにも変わるのか」と驚いたのを、昨日のことのように覚えている。ふり返れば、これが「人に教える」ことに対して興味を持った最初のきっかけだった。

次の学びの体験は、高校3年生のときの予備校の授業だった。現代国語の田所先生は、それまで退屈でしかたなかった現国の授業を、腹を抱えて笑ってしまうほど楽しいものに変えてくれた。教えられたことが鮮明に記憶に残り、試験に必要な内容が頭に刻まれていった。

田所先生の授業をきっかけに現国が好きになり、最終的にはセンター試験で最高得点を獲得することができた。そのとき、「自分も、生徒を楽しませながら何かを教えられるようになりたい！」と真剣に思ったのだった。

地元の国立大学経済学部に進学後、秋山は小さな塾で講師のアルバイトを始めた。その塾は勉強が好きではない中学生が多かった。秋山は数学と国語を教えていた。騒がしく、先生の話を聞かないような生徒ばかりで、時に大きな声で注意することもあったが、教えることが楽しく、充実した時間だった。

塾では、担当した生徒全員が志望の高校に合格した。そのような経験を積む中で、いつしか「教えること」が自分のライフワークかもしれない、とも考えるようになった。しかし、その思いとは裏腹に、就職氷河期に運よく内定を得た先は建設会社。現実世界の仕事は、「教えること」からはどんどん離れていった。

50代になって、30年ぶりの講師経験が、秋山に再び「教える」ことの喜びを思い出させてくれた。やればやるほど、楽しくなる。秋山は次第に、「財務と会計の基礎勉強会」のコミュニティを作り、数字が苦手な会社員を減らしたいと思うようになっていた。実現したときのことを想像すると、ワクワクする気持ちとやる気が溢《あふ》れ出す。

同時に、会社での将来に限界が見え始めた中で「教えること」を再発見したのは、「新しいスキルを身につける機会だ」と冷静に分析する自分もいた。定年後の長い時間をどう生きるか。ひょっとしたら、これは何かのチャンスなのではないか。「燻っている」とぼんやり感じていたのは、あくまで会社での生活だ。「会計について教えること」を考えると、楽しそうで羨《うらや》ましく感じた野口と同じ気持ちになれる気がした。

こうして思いがけない形で、秋山の毎日の生活に対する「やる気」が少しずつ上がっていったのだった。

秘密の研究所

秋山はついに、「財務と会計の基礎勉強会」を自分で立ち上げることを決めた。とはいえ、漠としたイメージはあるが、実際に何から手をつけていいのかはさっぱりわからない。やりたいことが具体化されず、目指すべきゴールはぼんやりしている。そんな気持ちを抱えたまま、再びビジネス書勉強会に参加した。

勉強会の仲間たちに「財務と会計の基礎勉強会」の自主開催について相談し、いろいろなアドバイスをもらった。

このメンバーに、南方竜一郎という人物がいた。大手食品メーカーの営業部で働くサラリーマンだった。秋山と同じくらいの年齢で、話も合う。最近では、長年培《つちか》った営業スキルを活かし、副業で営業コンサルタントとしての仕事を始めたようだ。

南方は楽しそうで、イキイキしている。秋山は、南方にも「財務と会計の基礎勉強会」のコミュニティ作りについて相談してみることにした。

秋山 南方さん、いつもすごく楽しそうですね。副業もうまくいっているって聞きますし、なんだかエネルギーが溢れ出ている感じ。羨ましいです。

南方 ホント？　そんなに元気に見えるかなあ……。確かに最近、本業も副業も楽しくてたまらなくなっているけど。

秋山 充実しているように見えて眩《まぶ》しいくらいですよ。ぜひ、その秘訣を僕にも教えてほしいんです。

南方 どうしたの？　何か悩みでもあるのかい？

秋山 そうなんですよ……。先日少しお話ししましたけど、「財務と会計の基礎勉強会」のコミュニティを作りたいっていう目標ができたんです。でも、具体的に何から手をつけていいのかわからなくて。

南方 ふーん、なるほど。

秋山 「教える」ことをしたいとか、「自分が主催する会を持ちたい」とか、気持ちはあるんですが、まだイメージがぼんやりしていて。そもそも、そのための方法は本当にコミュニティを作ることなのか、わからなくて。だから、いざ動こうと思うと二の足を踏んでしまうんです。

南方 それって、やり方がわからないというHOWの話ではなくて、「自分は本当は何がしたいのか?」というWHATや、「なぜそれがしたいのか?」というWHYの悩みに聞こえるね。秋山さんはまだ、自分の気持ちをはっきり言葉にして表現できていないんじゃないかな。

秋山 そう言われると、図星を指された気がします。みんなには勢いで「コミュニティを作りたい!」なんて言ってしまいましたが……。

南方 自分が本当に何をしたいのか知るのって、実はけっこう難しいよね。自分自身のことを案外わかっていなかったりするからね。

秋山 だとすると、まずは自分で自分のことを深く分析して、考えをまとめたほうがいいですかねえ。

南方 うーん……それを自分一人でやるのって、思っている以上に難しいことなんじゃない? 俺だってちょっと前までモヤモヤして、それで悩んでいたし。

秋山 えっ、そうなんですか? ふだんのイキイキとした姿からは想像もできません。

南方　実はちょっとした〝きっかけ〟があってね。……そうだ！　秋山さんにもその〝きっかけ〟を教えてあげるよ。

秋山　えっ、いいんですか！　そんな魔法のような方法があるなら今すぐ知りたいです。

南方　まあまあ、そんなに焦りなさんなって。魔法のような方法じゃないんだけど、実はある研究所に通ったんだよね。

秋山　うん？　研究所ですか……？

南方　そう。「ライフキャリア研究所」っていうところなんだ。仕事だけのキャリアではなくて、人生丸ごとキャリアとして捉える考え方を教えてくれる研究所さ。そこに3カ月通って、今の自分のキャリアを組み立て直して、それから、なんだか知らないけどうまくいっているんだよね。

秋山　まだよくわかりませんが、僕にもぜひ紹介してください！

南方　いいよ。誰かの紹介でしか受け付けないから、俺から所長に連絡して、秋山さんも通えるようにしてあげるよ。

秋山　ありがとうございます。何をやるか全然わかりませんが、とにかく頑張ります！

南方　そうだね。まずは経験してみることだよ。３カ月後には、秋山さんも、俺みたいに本業もプライベートも楽しくてたまらない状態になるよう、祈っているよ。

秋山　ありがとうございます！

こうして秋山は、南方の紹介で、いまだ得体の知れない「ライフキャリア研究所」の門をくぐることになった。

解説

ワークキャリアからライフキャリアへ

昭和から令和にかけて、働き方には「大きな節目」が2つありました。

1つ目は、昭和と平成の端境期《はざかいき》。バブル経済の崩壊により、企業内の終身雇用制度や年功序列が崩れ、個人の才能が活かされるキャリア構築への関心が高まりました。そして、これを境に**働き方が多様化**していきました。

2つ目は、平成から令和にかけて。21世紀になると、人々の長寿化の実態が浮かび上がりました。それにともない、国家の年金制度や企業における雇用期間に新たな課題が生まれました。これまでは「人生80年時代」を前提として、あらゆる制度が成り立っていました。しかし、**長寿化が進むことで、その前提が覆されて、社会制度や働き方を根本から再検討する必要性**が生まれたのです。これらの変化を踏まえ、時代区分によってキャリアを分類し、その特徴を解説していきます。

①昭和型キャリア　終身雇用・年功序列・労使協調
②平成型キャリア　働き方の多様化と個人のキャリア自律
③令和型キャリア　前提条件の変更・人生100年時代

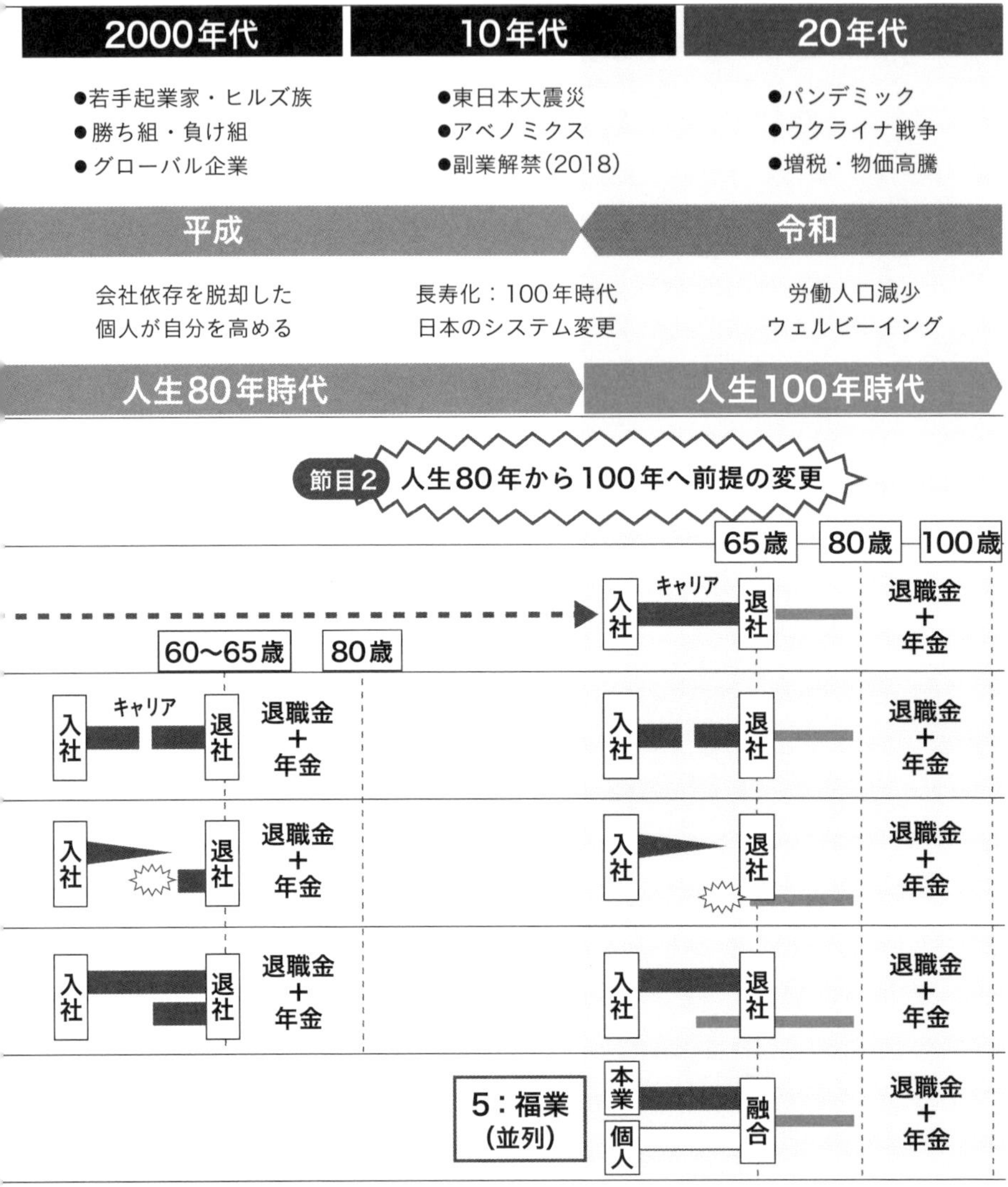
2000年代
10年代
20年代
●若手起業家・ヒルズ族
●勝ち組・負け組
●グローバル企業
●東日本大震災
●アベノミクス
●副業解禁(2018)
●パンデミック
●ウクライナ戦争
●増税・物価高騰
平成
令和
会社依存を脱却した
個人が自分を高める
長寿化：100年時代
日本のシステム変更
労働人口減少
ウェルビーイング
人生80年時代
人生100年時代
節目2
人生80年から100年へ前提の変更
65歳
80歳
100歳
60〜65歳
80歳
入社
キャリア
退社
退職金＋年金
本業
個人
融合
5：福業
(並列)

年表　時代要因とキャリアの変貌との関係性

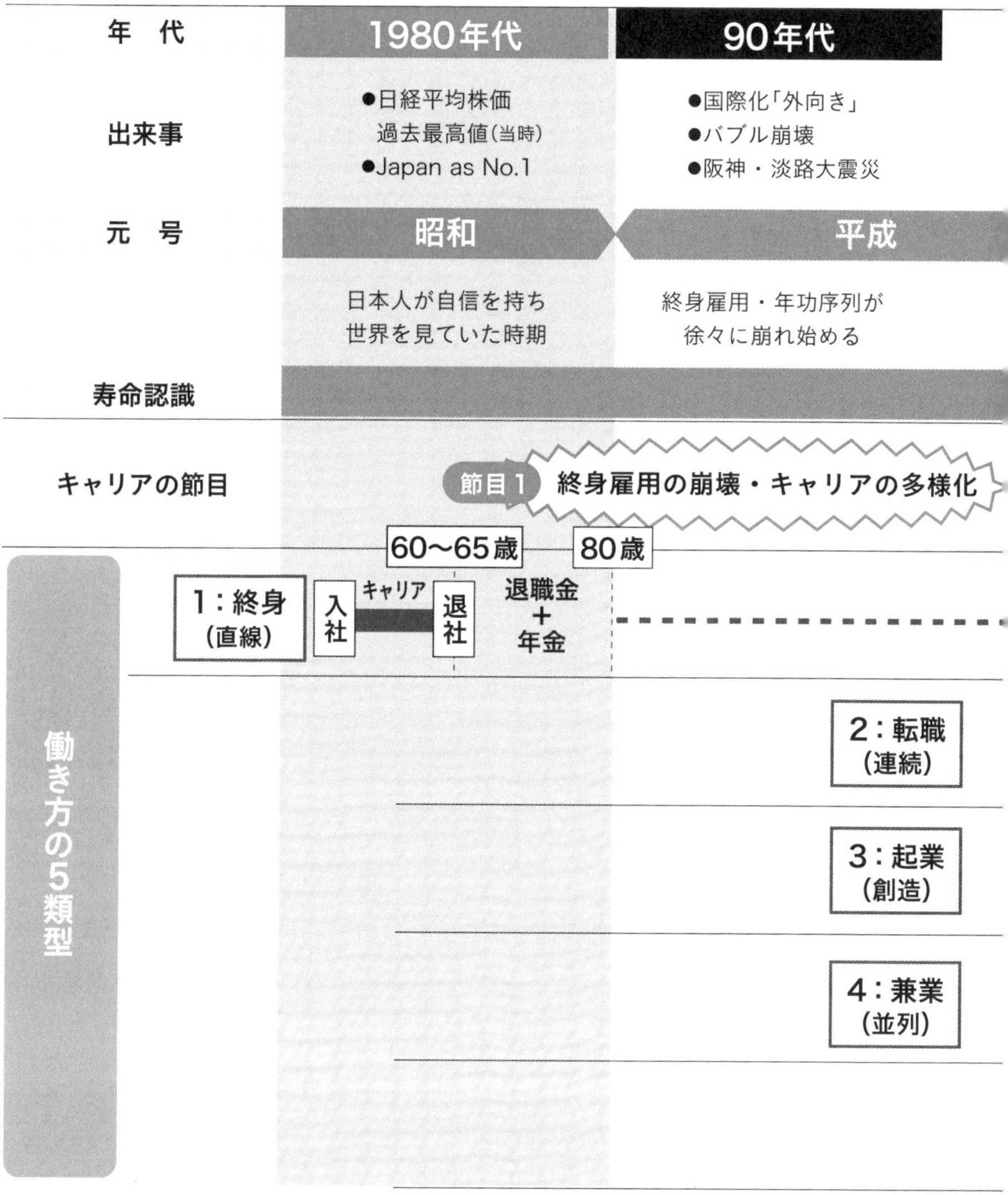
年　代
1980年代
90年代
出来事
●日経平均株価
過去最高値(当時)
●Japan as No.1
●国際化「外向き」
●バブル崩壊
●阪神・淡路大震災
元　号
昭和
平成
日本人が自信を持ち
世界を見ていた時期
終身雇用・年功序列が
徐々に崩れ始める
寿命認識
キャリアの節目
節目1
終身雇用の崩壊・キャリアの多様化
60〜65歳
80歳
働き方の5類型
1：終身
(直線)
入社
キャリア
退社
退職金
＋
年金
2：転職
(連続)
3：起業
(創造)
4：兼業
(並列)

1 昭和型キャリア（終身雇用・年功序列・労使協調）

昭和の時代、日本は戦後復興から高度経済成長を経験し、日本企業は世界に誇るべき成功を収めました。この時期、アメリカの社会学者エズラ・ヴォーゲルは『ジャパン・アズ・ナンバーワン』と題した著書を発表し、日本の高度経済成長の要因として「日本的経営」を称賛しました。日本的経営には、終身雇用、年功序列、労使協調といった3つの特徴がありました。

①終身雇用

日本的経営の特徴の一つが、終身雇用制度です。これは、少なくとも大企業において、一度雇用された従業員はその企業での雇用がほぼ終身的に保障されるという制度でした。これにより、従業員は安定感を持ち、長期間にわたって同一の企業に勤務することが一般的でした。

②年功序列

年功序列型賃金制度も昭和時代の特徴で、給与の基準が経験や年齢に応じて変化しました。つまり、勤務年数が増えるにつれて、給与も増加していきました。この制度は、従業員に安心感をもたらし、企業に長期間忠誠心を示す動機づけとなりました。

③労使協調

昭和時代の企業文化においては、労使協調が重要な要素でした。企業と労働組合は協力し、争いを最小限にとどめるための合意を重視しました。これにより、ストライキや労使対立は比較的少なかったといえます。

経営学者のピーター・F・ドラッカーは、日本の終身雇用について、欧米の雇用制度とは異なり日本では雇用の安定が重視されている、と指摘しています。大企業で採用された終身雇用制度により、従業員は技術変化や経済状況によって職を奪われる不安を抱えることなく業務に専念することができました。

しかしながら、昭和時代の日本企業、とくに大企業において終身雇用と年功序列が保証された一方で、転職することが個人にとって不利になる社会的制約が存在しました。高い給与、地位、評価を得るために、社員たちは会社に対するコミットメントと不断の努力が必要となり、社内競争が激化しました。この結果、社内での成功が個人の欲求を充足する手段とされ、社内での出世が重要視されました。

つまり、**昭和型キャリアとは、終身雇用で入社した会社を退職まで勤め上げ、その中で「社内競争を勝ち抜く」こと**といっても過言ではありませんでした。こう見ていくと、昭和のキャリアや働き方は、今日《こんにち》企業で当たり前となっている考え方とはまったく違ったものでした。逆説的には、**集団や組織が重視された昭和の時代に、今日的な個人のキャリア形成のような考え方はほとんどなかった**、といえるかもしれません。

2 平成型キャリア（働き方の多様化と個人のキャリア自律）

昭和天皇が崩御し、新たに「平成」が始まりました。1973年の第1次オイルショック以降に始まった経済の安定成長期が「バブル崩壊」でついに終焉を迎えます。これが日本人のキャリア意識を変える1つ目の大きな節目になります。

急速な経営環境の悪化を前に、財務を健全化しようと、企業は厳しいリストラを行いました。この結果、日本的経営の特徴だった終身雇用・年功序列は徐々に崩れていきます。会社員は自分の市場価値を高め、より高待遇で迎えてくれる企業を探すようになりました。ここから「キャリア」という考え方が広まっていきます。

2002年に厚生労働省が発表した「キャリア形成を支援する労働市場政策研究会」報告書について、厚労省のホームページでは、冒頭次のような言葉で始めています。

> 経済社会環境が急激に変化し続け、予測のつかない不透明な時代となり、労働者、個人は一回限りの職業人生を、他人まかせ、組織まかせにして、大過なく過ごせる状況ではなくなってきた。すなわち、自分の職業人生を、どう構想し実行していくか、また、現在の変化にどう対応すべきか、各人自ら答えを出さなければならない状況となってきている。この意味において、「キャリア」（関連した職業経験の連鎖）や「キャリア形成」といった言葉が、労働者の職業生活を論ずるキーワードとなりつつある。こうした動きを単に時代の流れに対応させるための受動的なものと受け止めるのでは

なく、これを契機として個人主体のキャリア形成の動きを積極的に位置づけ、企業や社会の活性化を図る方向に向けていくことが重要である。

ここにはすでに、**人生を組織まかせにせず、個人が主体的にキャリア形成をする「キャリア自律」の考え方**が示されています。このような政府の方針も相俟《あいま》って、平成の時代において、新しいキャリアの考え方が一気に広まり、働き方も多様化していきます。その中で進んだのが、次の3つの働き方です。

①転職（連続的なキャリア）：自分の目標に合った場所へ変わりながら働くこと。
②起業（創造的なキャリア）：自分のビジョンを追求し、独自の事業を立ち上げること。
③副業・兼業（並列的なキャリア）：本業以外で、新たな収益を得る仕事を並行して行うこと。

①転職（連続的なキャリア）

多様化した働き方の中で、最も一般化したのが「転職」です。平成になって転職が広く受け入れられるようになった背景には、1997年以降に起きたいくつかの要因が絡《から》み合っています。まず、インターネットと携帯電話の普及が急速に進み、ウェブサイトへの個人情報の登録や、企業の人事部とのコミュニケーションが容易になり、転職情報へのアクセスが大幅に向上しました。

1997年はまた、日本の経済と雇用市場において転機となる年でもありました。金融業界においては、山一證券の自主廃業や北海道拓殖銀行の閉業など、大規模な変化が発生し、終身雇用制度の崩壊が進行しました。企業や業界では、新たな雇用モデルが模索され始めました。

1999年には人材紹介会社の規制緩和が実施され、これにより、従来は高度技術者や経営管理者に焦点を当てていたところが、営業、販売職、一般職など広範な職種に対応可能となり、人材紹介業界の急成長が始まりました。これらの変化が絡み合い、転職市場の発展に大きく寄《き》与《よ》することになったのです。

転職を検討する際、成長意欲が高い個人は、外資系企業に魅力を感じるようになりました。なぜなら、日本企業とは違い、実力主義に基づく評価が行われ、性別や年齢による差別が少なく、成果に応じた公平な評価が受けられるからです。また、ワークスタイルが柔軟で、ビジネスカジュアルな服装やフレキシブルな勤務時間が一般的であり、社員の自主性が尊重され、自由な雰囲気が魅力でした。さらに、ワーク・ライフ・バランスが重視され、休暇の取得が奨励され、仕事とプライベートを明確に区別し、自己の時間を尊重できました。

外資系企業は、成果主義を採用し、インセンティブを給与に含めることが一般的で、高い給与を得る機会が増え、実力と努力に応じた成長が可能でした。

その一方で、外資系企業では、成果主義に基づく競争が激しく、在職中は常に強いプレッシャーにさらされます。さらに、成果主義で収入が不安定であり、それがストレスの要因となる点も考慮すべきものでした。また、日本から事業撤退する可能性もあるため、突然職がなくなるリスクもあります。

いずれにしても、日本企業と外資系企業の働き方の特徴を踏まえて、自分に合った企業への転職が選択肢として広がったことは、たいへん喜ばしいことでした。

②起業（創造的なキャリア）

平成時代のキャリアにおける働き方の多様化の2つ目は「起業」です。

1990年代には、日本がバブル経済の崩壊と平成不況に直面しましたが、同時にIT産業が急速に発展し、インターネットが一般に普及しました。この時期、ITベンチャー企業を中心に、ベンチャーブームと起業家ブームが湧き起こりました。

このブームを支えるために、ベンチャーキャピタル（VC）とベンチャー投資家（VI）の成長が持続的に続き、エンジェル投資家が次々出現したことがビジネス環境の著《いちじる》しい変化で、これはベンチャー企業の歴史において非常に重要な要素でした。国際的な視点から見れば、エンジェル投資家はVCやVIに匹敵する投資額を達成し、ベンチャー企業をサポートするエコシステムにおいて不可欠な存在となっています。

ベンチャーブームでは、とくにIT関連業界にリスク資本が大量に注ぎ込まれ、一部の地域でバブル的な現象を引き起こしました。日本におけるITバブルは1999年から2000年の1年間が最も顕著で、多くのベンチャー企業が誕生しました。

ITバブルが崩壊した後も、本当に価値のあるビジネスを続けた企業だけが生き残り、現在のIT業界を牽引しています。たとえば、代表的な企業と起業家には、DeNAの南場智子、楽天グループの三木谷浩史、サイバーエージェントの藤田晋、GMOインターネットグループの熊谷正寿、ミクシィの笠原健治、グリーの田中良和などが挙げられます。

起業の最も大きなリスクは、普通のサラリーマンにとって、確実な給与収入が途切れてしまうことです。結婚し、家庭を持つ人にとってはとくに、起業は安定した生活を捨てる覚悟が必要です。さらに、法律、財務、税金など、それまで会社員としては考えたことのない領域まで自分で対処しなければならず、起業に挑戦する人は稀《まれ》でした。

③副業・兼業（並列的なキャリア）

最後に、副業と兼業について触れましょう。副業と兼業は、どちらも「本業の仕事とは別に行う仕事」を指しますが、**副業は本業の補完的な活動（アルバイトやパート）であるのに対して、兼業は本業と同程度の重要性（個人事業）で取り組む、といった微妙な違いが存在**します。兼業のほうが事業としての重要性が高いといえるかもしれません。

日本の多くの企業は従来、副業・兼業を禁止していました。平成の時代になっても、この規制は厳格で、副業や兼業を希望する場合、人事部に相談し、上司の許可を得る必要がありました。

たとえば、筆者である原尻は、２００６年に初めて著書『IDEA HACKS!』（共著、東洋経済新報社）を出版し、本業に加えてビジネス作家として執筆活動を兼業することになりました。この際、すでに書籍を出版しているサラリーマン作家の先輩に相談し、会社との調整について教えを受けました。そして、人事部と直属の上司に報告して許可を取り、原稿は人事部と広報課でダブルチェックしてもらう形で進めた経験があります。

この頃、ビジネス書では「週末起業」というユニークな働き方を提唱した本がヒットしました。これは、会社に勤めながら、アフター5や休日の時間を活用して、低リスクで起業をするという考え方で、自身の給与を起業資金に、自分の趣味や得意な分野をビジネスにするというものでした。

ただし、会社に無断で法人化して登記を行い、税金を申告することで副業や兼業が露呈した場合、厳格な懲戒解雇のリスクがともないました。このため、サラリーマンが会社に黙って副業や兼業を行うことは、依然として高いリスクがありました。

この状況は、2019年の「働き方改革」によって変わりつつあります。詳細は、次に述べる「令和型キャリア」で取り上げます。

3 令和型キャリア（前提条件の変更・人生100年時代）

平成型キャリアから令和型キャリアへの大転換は、人生80年時代から人生100年時代へ、「キャリアの前提条件」となる寿命の延長がもたらしたものです。人々の寿命の延長によって、退職年齢の引き上げや年金制度など、社会全体の刷新が必要になったのです。

これに最も影響を受けるのは、企業に雇用されたサラリーマンたちでしょう。もし退職年齢が65歳だとすれば、人生80年時代では残りの時間は15年に過ぎませんでした。この15年の間に、年金と退職金を合わせた老後資金で、残りの人生を計画できたのです。しかし、人生100年時代を考慮すると、残りの時間は35年にも及びます。

これは単純な計算になりますが、年金と退職金で賄《まかな》える期間が15年だとすれば、残りの20年は自分で収入を確保しなければならないという「新たな課題」が生じたのです。しかし、残念なことに、この課題について、ほとんどの人々が自覚していませんし、準備もできていないのが現状ではないでしょうか。

人生100年時代は、ワークキャリア（仕事だけのキャリア形成）の終焉を意味します。私たちは新たにライフキャリア（人生そのもののキャリア形成）を構築する意識変換が必要なのです。

それでは、今後この問題をどのように考え、立ち向かえばよいのでしょうか。

無形資産を築き、自分の生き方を計画し、実験せよ

人生100年時代の働き方について、真っ先に一つの解をくれたのはリンダ・グラットン、アンドリュー・スコット著『ライフ・シフト　100年時代の人生戦略』（東洋経済新報社）でしょう。同書の中でリンダ・グラットンは、働き方やキャリアに関連する問題に立ち向かうために、生産性資産、活力資産、変身資産という3つの**「無形資産」**を蓄積すべきだ、と述べています。

3つの無形資産の定義は次の通りです。

①生産性資産：仕事の生産性を高め、所得とキャリアの見通しを向上させるのに役立つ資産
②活力資産　：肉体的・精神的健康と心理的幸福感

③変身資産：人生の途中で変化と新しいステージへの移行を成功させる意思と能力、人的ネットワーク

生産性資産とは、ビジネスにおいて役立つ資産であり、ＯＪＴ（オン・ザ・ジョブ・トレーニング／On the Job Training：現場で実務をさせることで行う社員の職業教育）やビジネス研修などで養成できるものです。一方、活力資産は、健康な心身を維持することを指します。要するに「健康こそ資本である」と言い換えられるでしょう。

『ライフ・シフト』においてとりわけ注目すべき点は、ライフステージの変化に役立つ変身資産の存在を指摘したことでした。たとえば、転職の際には、大学のサークルの先輩や同期など、人々のサポートが頼りになります。このような人間関係のネットワークは、変身資産の主要な要素であり、企業内ではなく、むしろ個人のプライベート活動で育まれることがよくあります。

これら3つの無形資産を蓄えて、生産的に生きる人生を設計しよう。そのために重要なことは「計画と実験」だとして、著者は次のように述べています。*

長い人生で経験する多くの変化によって金銭的資産と無形の資産を破壊されないためには、計画して準備することが欠かせないし、ありうる自己像について検討するためには、実験をおこなう必要がある。計画と実験は、人生に目的と個性を生み出し、アイデンティティを形づくる心理的連結性をもたらすのだ。

＊『ライフ・シフト』P.360より

昔のように、特定のロールモデルに従うべき時代ではありません。生き方は人それぞれ異なり、多様です。自分自身が納得する生き方を見つけるためには、何をしていると楽しく、何に心を震《ふる》わせるのかを理解する必要があります。試行錯誤し、探求することこそが、本当に自分らしい形を見つける唯一の方法なのかもしれません。

無形資産を築き、自分の生き方を計画し、実験せよ。

これが『ライフ・シフト』から受け取れる大切なメッセージです。

副業・兼業解禁は第2の人生の準備

2016年、政府内に「働き方改革実現会議」が発足しました。2018年1月には、モデル就業規則が改定され、労働者の遵守《じゅんしゅ》事項から「許可なく他の会社等の業務に従事しないこと」という規定が削除され、代わりに副業・兼業に関する新たな規定が導入されました。

厚生労働省がホームページ上に掲載している「副業・兼業の促進に関するガイドライン」には、副業・兼業に関して以下のような解説がなされています。

> 人生100年時代を迎え、若いうちから、自らの希望する働き方を選べる環境を作っていくことが必要であり、副業・兼業などの多様な働き方への期待が高まっています。副業・兼業は、新たな技術の開発、オープンイノベーション、起業の手段や第2

の人生の準備として有効とされており、「働き方改革実行計画」において、副業・兼業の普及を図るという方向性が示されています。

ここで注目すべきポイントは、**政府が副業や兼業を「第2の人生の準備」として有効であると指摘している**ことです。つまり、即時の収入だけでなく、退職後に個人でビジネスを展開できるよう備える手段として捉えるべきだ、と指摘しているのです。

多くのサラリーマンは、副業や兼業を追加の収入源として見る傾向がありますが、政府の提言は、ライフキャリアを築くために必要な経験、知識、スキルを蓄積し、自分のキャリアを自律的に構築する手段として副業・兼業を奨励しているように思えます。

人生100年時代は「福」業をデザインしよう

これまでの時代の変化とキャリアという概念の変遷をまとめると、次のようなことがいえるでしょう。

●昭和の日本企業は終身雇用、年功序列が守られ、転職もしにくく、キャリアといえば「社内政治・社内競争に勝ち抜く」ことだった。平成に入り、バブル崩壊後、日本的経営である終身雇用、年功序列型賃金体系が崩れ始め、組織まかせにできなくなった個人が動き出し、自らキャリアを作る意識が芽生えた。インターネットの普及によって転職サイトが登場し、さらに個人のキャリア形成がしやすくなった。また、インターネットの影響で、ー

T起業が流行《はや》り、加えて不況の影響で兼業を考える人が増え、働き方が多様化していった。

●人生80年とされていた人類の寿命が延びて、人生100年時代といわれるようになった。寿命が20年も延び、前提が覆ることとなり、企業の退職時期や年金制度といった社会制度自体の見直しが必要になった。副業・兼業が解禁され、政府により「自ら稼ぐ力を準備する」環境が制度的にも整備されつつある。この状況において、『ライフ・シフト』の著者は「無形資産を築き、自分の幸せな生き方を計画し、実験せよ」と提唱し、この変化を理解し、行動することを説いている。

さて、この本では、ライフキャリアを考えるうえで、もう一つ大事な視点を加えておこうと思います。それは**キャリア形成が「幸福であること」**です。**私たちがデザインするキャリアが行き着くところは、「幸せな人生をデザインすること」**です。

お金は必要です。しかし、お金の奴隷になりたくはありません。会社に囚われるのも、家庭に縛られるのも、幸せではありません。では、幸せな状態とはどのようなことなのでしょうか。

フランソワ・ド・ラ・ロシュフコーの『箴言集』(岩波文庫)にこんな言葉があります。

みちたりた仕合わせは好みの中に存在するので、事物の中にあるのではない。だから人は自分の好きなものを得ることによって幸福になるので、他人が好ましく思うものを得るからではないのだ。

私たちは、これまで会社で培ってきた無形資産（生産性資産）と自分が本当に好きでやり続けてきた特技（変身資産）を融合させて、やりがいを持ちながら稼ぐこともできる「福」業と呼べるものを読者に提案していきます。

次の章では、その方法の結晶でもあるフレームワーク**「キャリア・ビルディング・ブロック」**を紹介します。このツールを使って、自らをどう福業へと導くのか。秋山と一緒に学んでいきましょう。

第2章

再現

まだ見ぬ自分を創り出せ

LIFE CAREER

ライフキャリア研究所

11月のよく晴れた土曜日の昼下がり、秋山は南方から紹介された「ライフキャリア研究所」に向かった。JR新橋駅から歩いて10分。虎ノ門に近いエリアの、新しくも古くもない10階建ての白いビルの3階に目的の場所はあった。入り口にはロゴと一緒に「ライフキャリア研究所」と書いた表札が掛けてあった。

インターフォンを押すと、中から「はーい」という返事が聞こえ、秋山と同年代くらいの、黒縁の眼鏡を掛けた男性が出迎えてくれた。小綺麗でセンスのいい紺色のシャツを着ているのが印象的だ。

秋山　初めまして。秋山と申します。南方さんに紹介されて伺いました。

平賀所長　よくおいでくださいました。所長の平賀です。どうぞ、中にお入りください。

研究所は、仕切りのないワンフロアーのオフィスで、真ん中に10人程度が座れる会議テーブルが置かれている。正面の壁一面に本棚がいくつも並んでいて、ビジネス書や雑誌、学術書などがぎっしり置いてあった。

部屋の一角には、50インチぐらいの液晶ディスプレイとホワイトボードがある。研修を行うためのレイアウトだろう。入り口側の壁際に業務用のデスクとノートPCが置かれている。部屋の隅には、観葉植物の鉢とおしゃれなデザインのコーヒーメーカーがあった。

白とブラウンを基調とした室内で、窓から陽光が差し込んで、とても心地よい。自己紹介を兼ねてたわいもない会話をしばらくしていると、所長の平賀が「ライフキャリア研究所」設立の経緯について話してくれた。

平賀所長　私は、もともと広告代理店でマーケティングの仕事をしていました。とても充実していて、やりがいもあったのですが、思うところがありまして、40歳で独立して、この「ライフキャリア研究所」を設立しました。自分を使って人生の実験がしたくてね。「ライフキャリア」の実験です。

秋山　はあ、実験ですか？

平賀所長　そうです、人体実験ですね、ははは。ところで、秋山さんはなぜうちに来ることになったのですか？

秋山　はい、**50代になって急に意欲や気力が下がりまして、モヤモヤしていた**のですが、最近やりたいことが見つかって久々にやる気になっていたんです。でも、考えがうまくまとまらず、何から手をつけていいかわからない状態になってしまいまして。悩んでいたところ、南方さんにこちらを紹介されてやって来た次第です。といっても、正直ここで何をやるのかよくわかっていないのですが。

平賀所長　ああ、なるほど、なるほど。ここに来たのは大正解ですよ。そうした迷える人のためにこの研究所を作ったのでね。

秋山　それは嬉しいです。ところで、ここはどんなことをするところなのですか？

平賀所長　ここは**「まだ見ぬ自分を創り出す場所」**です。

秋山　えっ、なんですって？

平賀所長　人生１００年時代の、２回目の人生をデザインする場所と言い換えてもいいかな。

秋山　はあ。

平賀所長　本当ですよ。秋山さんは、自分がなぜ、50代になって急にやる気や気力が落ちたと思いますか？

秋山　仕事に疲れちゃったのかな……？　あれ、本当だ。なんでだろう。

平賀所長　それは、**自分の未来が見えてしまったから**ではないですか。それも、20代のときとは違って、とてもリアルに。もう、未来の選択肢がとても少ないことに気づいてしまった。つまりは〝**自分に対する希望、可能性の減退**〟でしょう。

その通りだ、と秋山は思った。何者にもなれないまま、時間だけが無為に過ぎていくような虚《むな》しい感覚。秋山は自分の心の奥に潜む〝原因〟を見透かされた気がした。

平賀所長　逆に、もしもこれから人生の選択肢が広がるとしたら、どうですか？　若い頃と同じように、広くて選択肢の多い、希望に満ちたキャリアがイメージできたら、元気が出ると思いませんか？

秋山　そりゃ、そうですね。またやる気が出てくると思います。

平賀所長　その〝まだ見ぬ自分を創り出す場所〟が、ここ「ライフキャリア研究所」なんです。

秋山　それはすごい！　なんだかワクワクしてきました。何からやればいいですか？　平賀所長、早く「ライフキャリア」とやらについて教えてください。

魔法のツール：キャリア・ビルディング・ブロック

平賀所長 まあまあ、そんなに焦らないでください。物事には順序というものがありますから。秋山さん、そもそもキャリアって何だと思いますか？

秋山 えっ？　うーん、そうですね、仕事をするうえでのスキルとか経験とかのことですかね。あと会社に勤めた実績とか、役職や肩書みたいなポジションも入るのかな。

平賀所長 世間一般の「キャリア」に対するイメージは、そんな感じですよね。しかし、秋山さんがおっしゃった内容は、すべて会社に関係することですね。秋山さん、あなた自身のことなのに、考えが会社に偏りすぎじゃないですか？

秋山 そう言われると……。会社以外のことは思い浮かびませんでした。キャリアといえば、会社の中での仕事や能力だと無意識に思い込んでいたのかもしれません。

平賀所長 無理もないですよ。そもそも、日本人の大半が「キャリアって何？」なんて真剣に考えたことがないんです。少し時代をさかのぼると、昭和の時代には、日本ではキャリア＝会社だったのですから。というより、キャリアという言葉自体、使っている人はほとんどいませんでした。なぜなら、転職する人はごく少数でしたし、終身雇用のため新卒で入った会社がすべてでした。個人にとってはキャリアという概念そのものが必要なかったのです。

それが平成に入り、バブルが崩壊し、続いて終身雇用もだんだん崩れていきました。すると、〝自己責任〟の合い言葉のもと、能力主義や成果報酬を取り入れる会社が増え始めました。その頃からだんだん、仕事の主体が会社から個人へと変わっていきました。転職が一般化していき、副業や兼業をする人も増加。最近では、会社側も終身雇用を保障する体力がなくなってきて、兼業・副業を推進する側にさえなっています。

確かに、副業や兼業が正式に会社で許可されるようになったのはここ数年の話だ。秋山がいる建設会社も、数年前に副業・兼業を解禁したばかりだった。世界最大の販売台数を誇る自動車会社の社長が「終身雇用を守っていくのは難しい局面に入ってきた」と発言し、メディアで騒ぎになったことも記憶に新しい。

平賀所長　そうなってくると、キャリアを考えるときに、会社や仕事だけだとカバーできなくなります。**プライベートも含めて、人生全体で考える「ライフキャリア」の考え方が今の時代には必要**になったのです。そして、そのライフキャリアを考えるためのツールが、今から説明する**「キャリア・ビルディング・ブロック」**です。

平賀はそう言って、液晶ディスプレイに「キャリア・ビルディング・ブロック（以下、ＣＢ

B）」の図を映し出した。なにやらカラフルなブロックが組み合わさってできたフレームワークのように見える。

秋山 これが〝まだ見ぬ自分を創り出す〟魔法のツールですか！

平賀所長 秋山さんの「これまで」と「今」と「これから」を映し出す地図です。

秋山 おおっ、それは凄そうですね。

平賀所長 この図について説明する前に、まずお話しすることがあります。それは**「キャリアを資産で捉え直す」**という考え方です。

秋山 キャリアを資産で捉え直す、ですか？

平賀所長 そう、資産。つまりアセットです。とりわけ、お金に換算できない「無形資産」が重要です。人生全体を捉える「ライフキャリア」ですが、これは人生100年時代を乗り切るためのあなた専用の「設計図」です。そして、人生を乗り切るには、そのための資産が必要になってきます。

平賀は、液晶ディスプレイに別のスライドを表示させ、資産についての説明を始めた。

キャリア・ビルディング・ブロック（Career Building Block）

縦軸はビジネスにおける資産の成長、横軸はビジネス領域とプライベート領域の分類で整理した。各資産がどう変化していくのかをマップ化したのが、本フレームワークである。

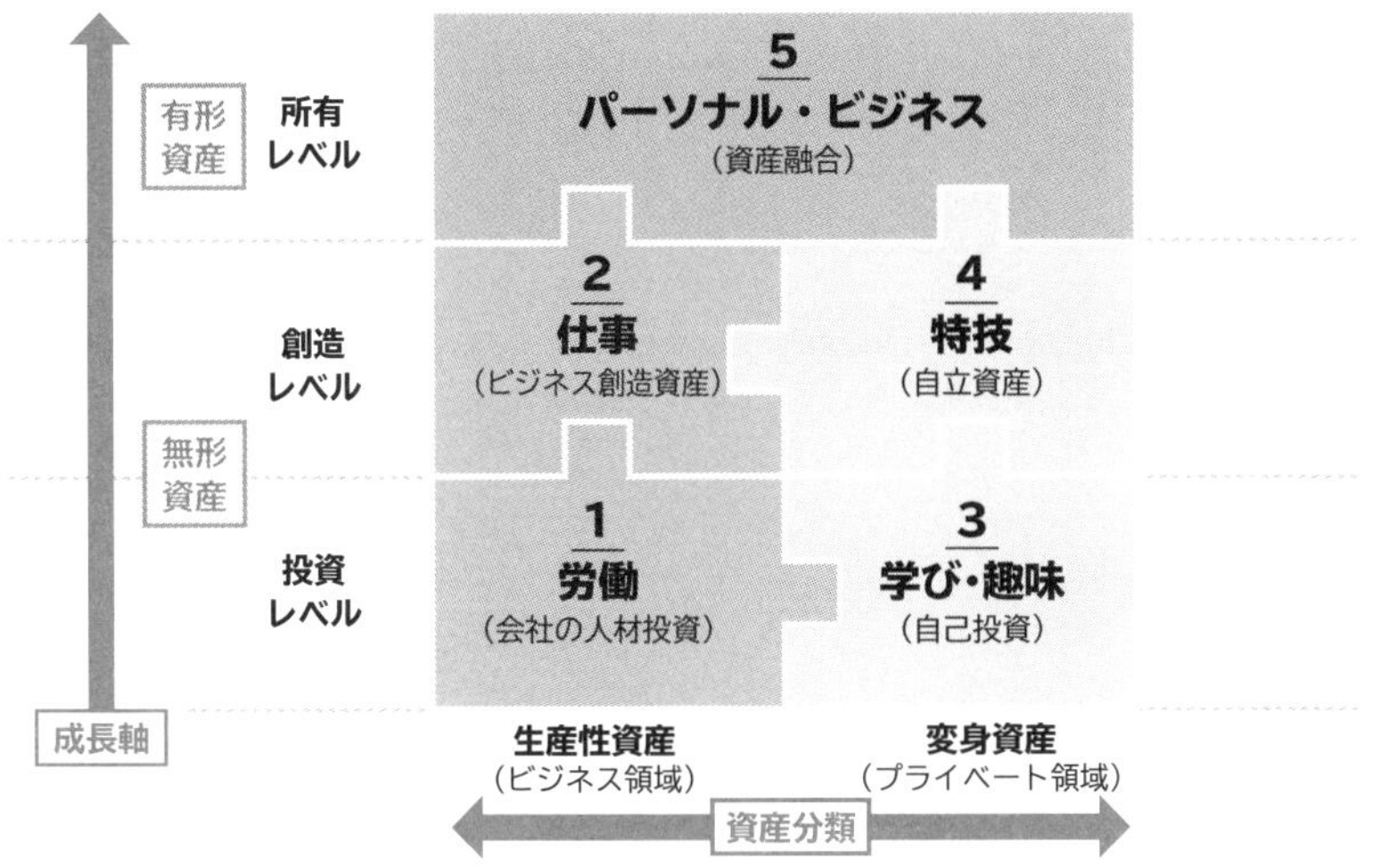

平賀所長 資産には2種類あります。**「有形資産」**と**「無形資産」**です。「有形資産」は字のごとく目に見える資産です。貯金が数百万円あるとか、住んでいる土地の価格は300万円とか、株を数百万円分持っている、といったお金で測れる資産のことですね。一方、「無形資産」は、目に見えない資産。秋山さんの中に存在していて、外からは見えない、形のない資産のことです。たとえば仕事のスキルや能力といったものから、健康や幸福といった身体的・心理的状態、やる気やクリエイティビティといった才能も含まれます。

キャリアを資産で捉え直した場合、資産とは蓄積するものであり、今の自分にどんなキャリア資産が蓄積されていて、今後どう積み上げていくか？　という視点でキャリアを見ることになります。そのため、**CBBでは、有形資産ではなく、無形資産を分析対象**とします。

秋山 そういう発想はなかったですね。そもそも目に見えないですし。

平賀所長 そうです、**その目に見えないキャリアという無形資産を「見える化」するのが「CBB」**なんです。もう一度、先のCBBの図を見てください。横軸に「ビジネス領域（会社）」と「プライベート領域（個人）」の2軸があります。この2つで、秋山さんの人生全体を分析します。

秋山 なるほど、これまでキャリアを会社内のことだけで考えていましたが、それだとキ

有形資産と無形資産

有形資産＝ 金銭的資産(貯蓄、土地など)

無形資産＝お金に換算できない資産

1. **生産性資産**：仕事の生産性を高め、所得とキャリアの見通しを向上させるのに役立つ資産
2. **活力資産**：肉体的・精神的健康と心理的幸福感
3. **変身資産**：人生の途中で変化と新しいステージへの移行を成功させる意思と能力、人的ネットワーク

出典：リンダ・グラットン、アンドリュー・スコット著『ライフ・シフト』(東洋経済新報社)

キャリアを「無形資産」で捉え直す試み

ャリアの半分しか考えていないのですね。

平賀所長 そうです、会社だけだと不十分ですよね。そして、縦軸には、キャリア資産を「投資」「創造」「所有」という3つのレベルに分類しています。これはレベルアップしていくキャリア資産を「見える化」しています。この横軸の2つ、縦軸の3つを掛け合わせた5つのブロックを使って、秋山さんの現在のキャリア資産を棚卸しし、未来のキャリアを想像して、創造するんです。これが秋山さんの〝まだ見ぬ自分を創り出す〟魔法のツール、「CBB」の全体像です。

秋山 なるほど、キャリアを資産と捉えて、「見える化」して地図にしていくんですね。

平賀所長 はい。資産なので、どんな種類の資産を組み合わせていくかも重要な要素になってきます。いわゆる「資産ポートフォリオ」の考え方です。

秋山 最近、投資でよく聞く言葉ですね。「年金だけだと老後資金が2000万円不足する」なんて不安にさせられる話が出てきて、NISAとか資産運用の勉強も始めたところでした。

平賀所長 有形資産の運用のように、**無形資産でも「会社」と「プライベート」両方のキャリア資産を考えて、ポートフォリオを充実させていく**ことがライフキャリアを成長させる考え方になります。

秋山　わかりやすいですね。それじゃ、さっそくやってみたいです！

平賀所長　まあまあ、初めてですから、今日はここまでにしておきましょう。家に帰って、ご自身のこれまでのキャリアや経験について、ゆっくり振り返ってみてください。次回から実際に秋山さんのＣＢＢを描いていきましょう。

秋山　やってみたかったんだけどなあ……。わかりました。次回もよろしくお願いします。

帰宅後、秋山はソファーに横になりながら平賀と話した内容を思い返していた。

――確かに、キャリアは会社だけじゃないよな。プライベートも含めて「ライフキャリア」か。

サラリーマン生活しか知らないから、キャリア＝会社になってしまっていた。でも、それだと俺の人生の半分しかカバーできないし、なんだか会社に手綱を全部握られた気持ちになる。今まで意識していなかったけど。

「キャリアを資産として捉え直す」、そういう発想は全然なかったな。資産ということは、貯めるもの。まあ、貯金と一緒ってことだよな。俺の場合、いったいどれくらい貯まっているんだろう。何十年も掛けてたいして貯まっていなかったら、ショックかもしれない。利子とかも付くんだろうか？

あれこれ思いを巡らせながら、手元のスマホでニュースを追う。ある記事で、大学教授が「会社まかせのキャリア」を脱却して、「企業に雇われるのではなく、自らを雇う」発想の転換が必要だ、と力説しているのが目に留まる。今までなら気にもしなかったが、思わず頷《うなず》いている自分がいた。そして、「自らを雇う」自営業的なマインドで、これから会社の仕事に取り組んでみよう、と心密かに誓うのだった。

キャリア・ビルディング・ブロックの構造

研究所での2回目の講義の日になった。前回から2週間が経過した同じ土曜日の昼下がり、秋山は時間通りに新橋の白いビルに辿り着いた。

平賀所長　秋山さん、こんにちは。昨日はよく眠れましたか？

秋山　おかげさまで、よく眠れて気分はいいですよ。前回のお話を聞いて、前向きな気持ちになれたからかなあ。

平賀所長　それはよかった。新しい考え方に接して、思うところもあったんじゃないですか？

秋山　ええ。目から鱗《うろこ》というか、無意識に「当たり前」と考えていたことがひっくり返された気がします。

平賀所長　お、いい反応ですね！　今日はもっと深く理解していきましょう。

そう言って、平賀はまた液晶ディスプレイにＣＢＢの図を映し出す。

平賀所長　改めてＣＢＢの図を見てみましょう（65ページのＣＢＢの図を参照）。

秋山　はい、縦３つ、横２つの５つのブロックですよね。思い出してきました。

平賀所長　今日は、縦軸の３つのレベルから説明していきましょう。「投資レベル」「創造レベル」「所有レベル」。これはキャリア資産の「成長軸」です。

まずは第１段階の「投資レベル」です。投資レベルとは、まさにキャリア資産を身につけるまでの投資期間になります。左側のビジネス領域で具体的に考えてみましょう。左下のブロックを見てください。「労働」と書いてありますね。

ところで秋山さん、新入社員時代の仕事ぶりってどんな感じでしたか？

秋山　新入社員時代ですか。まあ最初は研修から始まって、部署に配属されてからは上司や先輩から仕事を振ってもらって経験を積んでいった感じです。

平賀所長　そうですよね。当たり前ですが、最初は何もできません。上から与えられた仕事をやる、それで仕事を一から覚えていくわけです。会社から見れば、まだ新入社員には投資をしている期間ですから、ビジネス領域の投資レベルを「労働」と名づけています。

秋山　はあ、〝労働〟ですか。なんか聞くだけで疲れてきますね。

平賀所長　次に「創造レベル」です。創造レベルとは字のごとく、何かを生み出したり、作り出したりする資産レベルです。これもビジネス領域で考えてみましょう。ＣＢＢの図には、「仕事」と書いてあります。

秋山　ここで〝仕事〟が出てくるんですね。労働とは言葉の響きが違いますね。

平賀所長　そうです。「仕事」というシンプルな言葉ですが、とても奥が深いのです。創造レベルの仕事とは、〝自ら考え、自ら決め、自ら仕事を創り出す〟段階です。秋山さん、今の会社の仕事の中で自分の裁量ですべてを決められる業務はありますか？

秋山　はい。社員6人の経理グループを任されているので、予算の編成や決算の進行など私が決定権を持っている業務はいくつかあります。

平賀所長　その業務に関しては秋山さんが全体像を自ら考え、自ら決め、自ら仕事を創り出して実行しているのですか。

秋山　上には経営層がいますし、そんな大層なものではないですが、そう言われればそういうことになるのかな……？

平賀所長　よく考えてみてください。それは、上から振られる仕事をこなすだけの新入社員にはできないことだと思いませんか？

秋山　確かに。自分で仕事全体を理解して管理するには、会社特有の知識や現場での経験も必要ですからね。

平賀所長　秋山さんのその「仕事を創り出す力」は、何十年という現場での実務経験の賜物《たまもの》ですね。〝やらされ仕事〟ではなく、自分で仕事を創り出す創造レベルのキャリア資産だといえます。

秋山　なるほど、投資レベルと創造レベルの違いはそういうものなのですね。自分の仕事に当てはめると理解しやすいです。それじゃ、その上の所有レベルとは何ですか？

平賀所長 成長軸の最上位に位置するのが所有レベルです。その話をする前に、ＣＢＢの左の部分をもう一度見てもらっていいですか？「無形資産」と「有形資産」と書いてありますね。

秋山 はい。投資レベルと創造レベルのところに「無形資産」、所有レベルのところに「有形資産」と書いてあります。

平賀所長 前回のおさらいですが、「無形資産」がなんだったか覚えていますか？

秋山 うーん、目に見えない資産でしたっけ？

平賀所長 正解です。目に見えない、お金に換算できない資産のことです。仕事のスキルや能力といった一般的なキャリアの能力から、健康や幸福といった身体的、心理的な状態、やる気やクリエイティビティといった才能まで幅広く含まれます。そして「有形資産」は、字のごとく形のある貯金や土地、株など、目に見えてお金に換算できる資産です。

先ほど説明した、投資レベルの「労働」と創造レベルの「仕事」の2つは、それだけでは目に見えない、お金に換算できない「キャリア資産」です。そのキャリア資産がさらに成長すると「所有レベル」の「パーソナル・ビジネス（小さな個人事業）」となります。つまり、**キャリア資産が無形資産から有形資産化**するわけです。具体的に言うと稼げる、マネタイズできる段階になる、ということです。

秋山　おおっ、稼げる！　待っていました、その話が聞きたいです。

平賀所長　急に反応しましたね。（笑）

ここは後ほど詳しく説明しますが、ビジネス領域とプライベート領域の資産が融合して誕生します。今説明したように、キャリアを資産として捉え、その資産を3つのレベルで成長させていく。その計画をデザインすることがCBBの目的の一つです。

秋山　なるほど、キャリア資産を成長させるわけですね。そして最後は稼げる！　と。

プライベート領域のキャリア資産

平賀所長　ここまで、ビジネス領域でのキャリア資産を3つのレベルで説明しました。どうですか？

秋山　仕事のスキルにもさまざまなレベルがあることに改めて気づかされました。自分のスキルの中でも、すでに創造レベルにあるものもあれば、まだ取り掛かって日の浅い投資レベルのスキルもあると思います。こうやってキャリア資産を整理していくんですね。

平賀所長 秋山さんは理解が早いですね。キャリアを資産として捉える感覚がわかってきたみたいですね。それでは、次にCBBの右側の部分、プライベート領域について3つのレベルで説明していきましょう。

ところで秋山さんは趣味がありますか？　ジャンルは何でもかまいません。

秋山 趣味ですか？　そうですね、特別なものはとくにありませんが、あえて言えば、サッカーは学生時代からずっとやっています。今はもっぱらフットサルですが。あとジョギングも好きですね。毎日のように走っています。読書も大好きです。映画鑑賞も好きです。あと将棋も少しやります。こんな感じでいいんですか？

平賀所長 いいです、いいです。ほかにはありますか？

秋山 そうですね、あとは飲みに行くのも好きです。美味しいもの、そうそう、ラーメンが大好きです。よく有名なお店に行きます。東京にはたくさんのラーメン店があるので。

平賀所長　いいですね！　じゃあ、ラーメンで説明してみましょうか。秋山さんのようにラーメンが好きで、趣味でラーメンを食べ歩いている状態。これはキャリアの成長軸でいうと、まだ「投資レベル」。ラーメンを食べているだけ、つまり消費をしているだけで、何も生み出していない状態です。
　次の段階になると、ラーメン好きが高じて、美味しいラーメンを求めて全国に旅行に行くようになったりします。とんこつラーメンを食べるために福岡に行く、みたいなパターンです。
　そして、全国のラーメンを食べ歩きしていると、どこかのタイミングで、自分で美味しいラーメンを作りたくなるのです。ありとあらゆる美味しいラーメンを食べると本当に美味しいラーメンがわかってくる。それを自分の手で作ってみたくなるわけです。このレベルになると、趣味のラーメン店巡りが「創造レベル」に昇格します。まさに新しいラーメンを創り出す側になるからです。このプライベート領域の創造レベルを「特技」と呼びます。

秋山　なるほど、自分が作り手になると資産レベルが上がるんですね。

平賀所長　そうです。人に自分が作り出したラーメンを提供できるようになります。そこからさらにのめり込んで、脱サラしてラーメン店を開いたりする人もいます。これぞ「所有レベル」の「パーソナル・ビジネス」になりますね。

秋山　確かに、その道を極めたくなり、会社を辞めてラーメン屋さんや蕎麦屋さんになる人って、たまにテレビ番組とかでやってますね。

平賀所長　どうです？　プライベート領域の〝趣味〟をキャリア資産として捉える考え方が理解できましたか？

秋山　はい、わかってきた気がします。しかし、趣味が資産になるなんて考えもしませんでした。趣味って、そもそもストレス発散とか、休みの日の時間潰しだと思っていたので。

平賀所長　サラリーマンをしていれば、それが普通の感覚ですよ。しかし、私は「ワークキャリアの人の発想だな」と思うわけです。人生100年時代、**ライフキャリアから見れば、趣味も立派な資産になりうるもの**です。それどころか、あなたのキャリア資産のオリジナリティ、希少性を際立たせる大きな武器になるんです。

秋山　そう言われると、なんだか遊びの趣味を認めてもらったみたいで嬉しいです。

平賀所長　次は、「キャリア資産の成長」について、さらに詳しく見ていきましょう。

キャリア資産の成長5段階

平賀所長　ここまで、ビジネス領域とプライベート領域、それぞれをキャリア資産の成長軸で見てきました。それではもう少し詳しく、「キャリア資産の成長」について見てみましょう。

おさらいですが、投資レベルとは「やらされ仕事」、つまり人から指示されてやる業務や、消費するだけの趣味でしたね。一方で創造レベルは、「自分で決めて、自分で創り出す」仕事や特技のことでしたね。

この2つをさらに詳しく具体的に説明していきます。なぜなら、自分のキャリア資産の成長レベルを自分で正しく判断できることが、ライフキャリアをデザインするうえでとても大切だからです。

そう言って、平賀は新しいスライドを液晶ディスプレイに映し出した。

平賀所長　秋山さん、この図を見てください。「キャリア資産の成長5段階」と呼んでいます。

秋山　なんだか本で似たような図を見たことがあります。何だったかな……？　そうだ、「マズローの欲求5段階説」の図だ。

平賀所長 おおっ、秋山さん、いいところに気づきましたね。より低い階層の欲求が満たされると、次の階層の欲求が生じるという意味では「マズローの欲求5段階」と「キャリア資産の成長5段階」は同じ構造になっているといえます。「キャリア資産の成長5段階」は図の通り、**成長レベル**がレベル1からレベル5の5段階になっています。そしてもう一つの要素として、キャリア資産のパワーを表す**パワー指数**がそれぞれあります。個々に説明していきますね。

秋山 お願いします。

平賀所長 わかりやすいので、ビジネス領域を例に説明していきましょう。まず**【レベル1：知る（Know）】**です。これはその業務に関する知識を、ただ知っているだけの状態です。新人が座学で研修を受ける感じですね。

秋山 なるほど、本当の新人ってことですね。

平賀所長 **【レベル1：知る（Know）】**のパワー指数は**0・5**です。パワー指数については後ほど詳しく説明します。キャリア資産の強さ、大きさというくらいに思っておいてください。

秋山 わかりました。成長レベルとパワー指数ですね。

キャリア資産の成長５段階：成長レベルとパワー指数

投資レベルで掛け算しても、キャリア資産のパワーはそのままか、減少してしまう。
創造レベルになると、応用力が身につき、パワー指数が上がる。

	成長レベル		パワー指数
創造レベル	新しい仕事を生み出す	レベル５：つくる（Create）	5.0
創造レベル	経験したことを他者に教える	レベル４：教える（Teach）	3.0
創造レベル	仕事の全体を経験する	レベル３：一仕事する（Work）	2.0
投資レベル	仕事の一部分を経験する	レベル２：一緒にやる（OJT）	1.0
投資レベル	基礎知識を学ぶ	レベル１：知る（Know）	0.5

平賀所長　次に、**【レベル2：一緒にやる（OJT）】**です。このレベルは、会社の先輩の実際の仕事ぶりを目の前で見て、教えてもらいながら自分も一部分を体験する状態です。秋山さん、On the Job Training って、よくいいますよね？

秋山　はい、仕事をしながら実地に覚えていくことですよね。私も先輩に付いていろいろ学びました。

平賀所長　営業だと営業ロープレとかもやったりしますね。実際の商談シーンをロールプレイ、実演の形で繰り返し練習して体で覚えていく方法です。この段階を**【レベル2：一緒にやる（OJT）】**と呼んでいます。パワー指数は**1・0**です。

そして次が**【レベル3：一仕事する（Work）】**です。一通り、ある業務の全体を経験して、自分で仕事を動かすことができるレベルです。秋山さん、何かこのレベルの仕事で思い当たるものはありますか？

秋山　私は建設会社の経理部なので、ある現場の決算業務を最後までやりきったときですね。そのとき初めて、「やっと自分の力で仕事を完結させたぞ！」という気持ちが湧いてきたのをよく覚えています。

平賀所長　それです！　それぞまさにレベル3のWorkのレベルです。パワー指数は**2・0**です。

そして、**【レベル4：教える（Teach）】**。このレベルになると、それまで経験した業務を人に教えることができます。自分の経験してきたことを一度まとめて、全体像や大事なポイントなどを自分の言葉で言語化できるということです。体系的に育成方法を考え、研修の教材を作れるようになります。
秋山さんはどうですか？

秋山 うーん、そう考えると、管理職になってマネジメント業務がメインになってきて、この「教えること」が必要になってきたと実感しています。

平賀所長 マネジメント業務になった瞬間、「自分が動く」ことから「人に動いてもらう」ことが役割になりますから、まさにそうです！ いい観点ですね。パワー指数は**3・0**です。
最後に、**【レベル5：つくる（Create）】**です。これまでの経験や知識を活かして、新しい仕事や価値を創り出せる、生み出せる人です。ビジネスのフェーズを0↓1、1↓10にできる人ですね。これができるようになると、会社からは**創造型人材**として重宝されるようになります。
秋山さんもこんなクリエイティブな仕事はありますか？

秋山 クリエイティブといえるかわかりませんが、一つあります。事業部長直下で、プロジェクトリーダーを任されました。経理系の新しいシステムを導入するプロジェクトで、足掛け2年にわたる大きなものでした。

途中、何度もトラブルに見舞われましたが、その都度リカバリー策を考えて、なんとかやり遂げました。会社としても初めてのタイプのプロジェクトだったので、とても大変でした。

平賀所長 なんと、秋山さんはたいへんな活躍をされていますね。素晴らしい。

秋山 いえいえ、役割の成り行き上、やっただけですが、ありがたい経験でした。

平賀所長 ちなみに**【レベル5：つくる（Create）】**のパワー指数は**5・0**です。これで、レベル1からレベル5までのすべての成長レベルの説明が終わりました。

これを最初の「投資レベル」と「創造レベル」に当てはめると、次のようになります。

レベル1〜2は、投資レベル

レベル3〜5は、創造レベル

ライフキャリアでは、以上の5つの成長レベルに沿って、秋山さんのビジネス領域のスキルをマッピングしていきます。こうすると、より詳細で具体的なビジネス領域のキャリア資産の棚卸しができます。

秋山　なるほど、そうやって一つひとつのスキルレベルを具体的に考えていけばいいんですね。

平賀所長　プライベート領域についても、同じ考え方で棚卸しをすることができます。

たとえば、秋山さんのようにサッカーが趣味で好きな人がいるとします。サッカーのルールを知っているだけだと【レベル１：知る（Know）】ですね。教えてもらって練習して少しドリブルやシュートができるようになれば【レベル２：一緒にやる（OJT）】です。

秋山　走り込みをしたり、地道にパス練習をしたりして、基礎的な技術を身につける段階ですね。ここで基礎ができているかどうかが、その後の成長に大きく影響しますね。

平賀所長　そして、一通りプレーができるようになって、試合に出て活躍したり、点を取ったりするレベルになれば、【レベル３：一仕事する（Work）】です。そして、サッカーの試合経験を積み、どんどん技術が磨かれていき、子供サッカー教室などでコーチとして教えられるようになると、【レベル４：教える（Teach）】に到達です。そこからさらにレベルアップして、戦略・戦術や新しいトレーニング方法を考案できるようになると、【レベル５：つくる（Create）】に辿り着きます。

秋山さん、プライベート領域も同じようにレベル分けできそうですか？

秋山　サッカーのたとえが、すごくわかりやすいです。同じ基準で考えられるのがいいですね。よくわかりました。

平賀所長　ビジネス領域もプライベート領域も、同じ基準で考えることができます。そして、ここからがさらに大切です。**「資産融合」**についてです。ここでパワー指数が出てきます。

キャリア資産の数値化

平賀所長　ここからキャリア資産のパワーを、パワー指数を使って定量化します。

秋山　キャリアが数値化できたら便利ですね。

平賀所長　ふだんは目に見えない無形資産を、ツールを使って「見える化」するわけです。たとえば、ある人のビジネス領域での会計スキルが【レベル3：一仕事する(Work)】の段階だとします。パワー指数は**2・0**。そこにプライベート領域の子供サッカー教室のコーチとして培《つちか》った【レベル4：教える(Teach)】のコーチングの特技があるとします。レベル4のパワー指数は**3・0**です。この仕事と特技の資産融合で、**仕事2・0×特技3・0＝6・0**とキャリア資産がパワーアップします。

秋山 なるほど、仕事のスキル単独の3倍まで資産価値が上がるってことですか。

平賀所長 そうなります。「コーチングを活かした会計スキルの指導」となると、単なる会計知識があるだけの人に比べて「付加価値」が断然高いことがわかります。

一方で、入社したばかりの新人について考えてみましょう。ビジネス領域の営業のスキルが【レベル1：知る（Know）】だとします。入ったばかりなので、まだ研修で知識を習った程度。そしてプライベート領域では得意の英語力のスキルがあるとします。海外短期留学経験もあって【レベル3：一仕事する（Work）】の水準だとします。

この場合の資産融合によるキャリア資産のパワーは、いくつですか?

秋山 えっと、レベル1の営業力にレベル3の英語力だから、**0・5×2・0＝1・0**ですかね。あら、減っちゃいました。

平賀所長 そこが大事なのです。ビジネス領域がレベル1かレベル2、つまり投資レベルだとパワー指数は**1・0**か**0・5**なので、掛け算しても同じか、逆に減ってしまうわけです。

秋山 ああ……、確かに中途半端な知識やスキルだと、逆にほかのよいところを消してしまう気がします。

平賀所長　投資レベルでは「自分で決めて、自分で創り出す」ことができないので、ほかのキャリア資産をうまく活かせないんですよ。逆に、キャリア資産が創造レベルに入っていれば、「自分で決めて、自分で創り出す」ことができるので、たとえば、プライベートでの人とのつながりを本業の仕事に引き込んでうまく結果を出す、なんてこともできるようになる。

秋山　なるほど、キャリア資産が「創造レベル」にあるかどうかが、大事なポイントですね。**創造レベルの資産を融合すれば、資産価値が倍増する**わけだ。

平賀所長　秋山さん、そこは非常に鋭い観点です。素晴らしい！

レベルの高いキャリア資産同士を掛け合わせるほど、キャリア資産全体のパワーはどんどん大きくなります。それだけ「キャリア資産価値の高い人材」になるということです。この研修で最も大切なポイントは、**「どれだけ創造レベルのキャリア資産を多く貯めておけるのか」**ということです。

そして、それぞれの創造レベルである、ビジネス領域の「仕事」とプライベート領域の「特技」の掛け合わせで生まれる資産融合、これを**「パーソナル・ビジネス」**と呼んでいます。

次は、この2つの関係性についてお話ししましょう。

ライフキャリア形成の基盤

平賀は、創造レベルのブロックに色がついたスライドを、液晶ディスプレイに映し出した。

平賀所長 改めて言いますが、「どれだけ創造レベルのキャリア資産を多く貯めておけるか」がポイントです。ただし闇雲に貯めればいいというわけではなく、「仕事」と「特技」のバランスが大事です。「ポートフォリオ」の考え方ですね。

図を見てください（91ページ参照）。「2：仕事」のところに括弧書きで**「ビジネス創造資産」**と書いてありますね。

秋山 はい、別名がついているんですか。

平賀所長 そうです。ビジネス領域の創造レベルの「仕事」、すなわち「ビジネス創造資産」とは、言い換えれば「ゼロからビジネスを生み出す、創造する能力」です。ビジネスを生み出す能力ですから、ここがたくさんあれば、マネタイズ、つまり稼ぐ力が高くなります。

秋山 おおっ、それはいいですね！

平賀所長 一方で、プライベート領域の創造レベルの「4：特技」の下に**「自立資産」**と書いてあります。会社の看板にすがることなく、自立するために活かされる能力です。しかも、この自立資産は、もともと学びや趣味といった自己投資から始まっているので、「自分の好きなこと」そのものですね。

秋山 確かに、誰に言われたわけでもなく、自分で選んでやったものばかりです。

平賀所長 この「特技」（自立資産）は、自分が好きなことをやっているので、やる気も高く、幸福度も増していきます。**やることそのものが幸せ**なのです。

秋山 なるほど、そりゃ楽しいに決まっていますね。

平賀所長 だからこそ、「仕事」ブロックと「特技」ブロックのバランスが大切なのですね。そして、この2つの組み合わせが、あなたの「価値の原石」、**コア・バリュー**になります。それを私は「パーソナル・ビジネス」と呼んでいますが、バランスよく創造レベルのキャリア資産が貯まっていけば、掛け合わせでより大きなキャリア資産になり、価値が上がるということです。

秋山 貯めるだけじゃなく、2つのバランスも大事ってことですね。

創造レベルの資産数量がライフキャリア形成の基盤

創造レベルの資産を融合することで、何にでも変化できるライフキャリアの基盤になる。

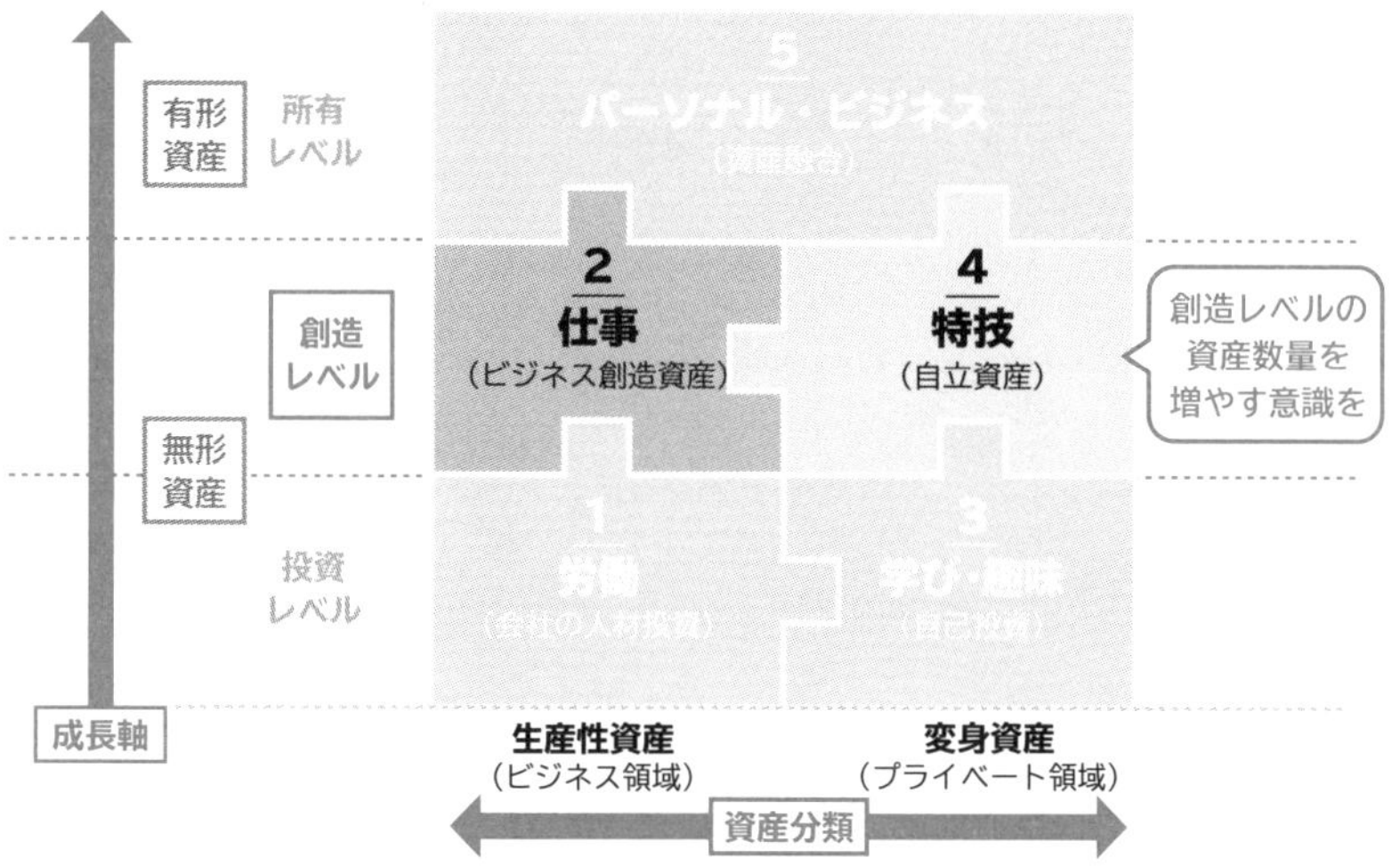

希少性・差別化の見極め

平賀所長 ここで少し、シビアな話をしたいと思います。

秋山 えっ、なんですか、急に。

平賀所長 創造レベルのキャリア資産が大切だという話をしましたが、ビジネス領域の創造レベルの「仕事」について考えてみましょう。秋山さんの中で、現時点で一番の「仕事」スキルはなんですか？

秋山 一番の「仕事」スキルですか？　うーん、やっぱり私は経理畑一筋なので、建設業の会計業務全般だと思います。

平賀所長 なるほど、その道何十年の経験がものをいう専門スキルですね。ところで、そのスキルを持っている人は世の中にどれくらいいるものですか？

秋山 建設業界の同規模の会社の経理担当だったら、同様のスキルを持っていると思います。

平賀所長　そのスキルは秋山さんの唯一無二のものではないと？

秋山　はい、世の中広いので、同じような能力を持っている人はたくさんいると思います。

平賀所長　すると、〝代わりが利く〟ということですね？

秋山　はい、残念ながら〝代わりは利く〟と思います。

平賀所長　ここが、世の中の大多数のサラリーマンが抱える厳しい現実です。
大きな会社になればなるほど、業務の分業化が進みます。その一部分を担う秋山さんのような一般のサラリーマンは、長い年月を掛けて「会社という大きな仕組みの中のとても高性能な部品」となっています。とても高性能ですが、〝部品〟なので、単体ではビジネスを生み出すことができません。

秋山　まあ、その通りですね。ほんとに小さな部品なので。

平賀所長　もし今の仕事が嫌になって転職しようとしても、同じ部品がピッタリはまる別の会社、仕組みを見つけなくてはいけません。その部品がピッタリはまる会社なんて、なかなかないですよね。運よく見つかったとしても、悲しいことに「もっと歳の若い部品」が出てきます。

秋山 悲しいですが、それが現実ですね……。まさにそんな状況で転職に苦労している同年代の知人を何人も知っています。

50代に入ると、転職は急激に厳しくなります。実際に大企業の部長職で50代半ばになり、不本意な役職定年を機に転職活動をした知り合いがいました。その人は、「少し待遇は下がるかもしれないが、すぐに決まるだろう」と高《たか》を括《くく》っていたところ、３００社に応募して面接まで進めたのはわずか3社。しかも、給与は今の半分以下。それでも結局、内定までは辿り着かず、半年経っても転職の目処は立たないままだそうです。

「こんなにも厳しいとは……」と途方に暮れる知り合いの姿を見て、転職市場の想像以上の厳しさを目の当たりにしたばかりでした。

平賀所長 そうなんですよ。つまり、ビジネス領域のキャリア資産だけだと、どんどん厳しくなるのです。それは、〝代わりが利く〟、つまり〝希少性が低い〟からともいえます。だからこそプライベート領域の創造レベルのキャリア資産も合わせて貯めていき、**掛け合わせることで「希少性を高める」**作戦で勝負するのです。

秋山 確かに、プライベート領域はその人独自のものが多いから、代わりの利かない、唯一無二のものになりえますね。

平賀所長　さらに掛け合わせれば、その希少性は格段に上がります。リクルート出身で、東京都で民間人初の公立中学校の校長を務めた藤原和博さんが提唱されている、「100万分の1の人材」と同じ理論です。100人に1人の能力でも、3つ掛け合わせれば100万人に1人の人材になれるという考え方ですね。

秋山　そうか、複数を掛け合わせ、かつ、ビジネス領域とプライベート領域をバランスよく組み合わせることによって、希少性の高い、キャリア資産のポートフォリオを築いていくという作戦ですね！

平賀所長　その通りです。創造レベルのキャリア資産を蓄積していって、「パーソナル・ビジネス」を磨き上げていくわけです。

幸せのためのキャリア・デザイン

平賀所長　ところで、秋山さん、そもそも何のためにキャリア資産を築くのですか？

秋山　えっ、うーん……。そりゃ、将来困らないように、ですよね。人生100年時代で寿命は延びているし、お金とか心配になるので、その対策じゃないですかね。それとも充実した人生を送るためかな。

平賀所長　いろいろありますが、ひとことで言うと**「幸せになるため」**ですよね。どんなにお金があっても、本人が不幸だったら意味がない。

秋山　その通りですね。もちろん幸せになりたいです。

平賀所長　よく考えてみると、**キャリアを磨くことも、お金も、〝手段〟であって〝目的〟ではありません。ライフキャリアの最終目的は、その人本人が幸せな気持ちで毎日を過ごせる環境を作ること**です。

秋山　確かに。当たり前のことなのに、大事なことを見失っていた気分です。

平賀所長　私も含めて皆さん、目の前のことに頭がいっぱいになってしまうのは仕方ないことです。では、その「幸せ」に最も影響を与える要因は何だと思いますか？

秋山　やっぱり、お金じゃないでしょうか。

平賀所長　そう思いますよね。お金も、幸せに影響を与える要因の一つであることは間違いありません。ただし、実は、お金は幸せに影響を与える最大の要因ではありません。

秋山　えっ、本当ですか。じゃあ、一番は何だろう？　仕事のやりがいとかですか。

平賀所長　惜しい！　いいところをついていますね。**幸福に最も影響を与える要因は、ズバリ「自己決定」です。**この図を見てください（99ページ図参照）。

そう言って、平賀が新たなスライドをディスプレイに映し出す。

平賀所長　これは、日本人2万人を対象とした、幸福に関する研究結果を図式化したものです。この研究では、**幸福に最も影響を与える要因は、所得でも学歴でもなく、「自己決定」である**と結論づけています。

秋山　えーっ、所得や学歴よりも幸福への影響度が高い⁉

平賀所長　面白いですよね。「自己決定」、つまり「自分で決めて自分で実行すること」です。自分の人生の選択を自分で決めることが、やる気と満足度を高め、それが幸福度の向上につながっているのです。人間というのは、誰かに指図《さしず》されず、自分自身で選択できることこそが幸せの源泉なんです。

秋山　自分で決めることがそんなに大事だなんて、意外でした。

平賀所長　知らず知らずのうちに、「自分で決められないこと」がストレスになっていることは多いのです。会社の仕事のストレスの原因は、自分で決められず、評価もされないことでしょう。

ここで、ＣＢＢの図をもう一度見てみましょう。この図の中で、「自己決定」できる領域はどこかわかりますか？

秋山 自分で決めるということは、創造レベルの「仕事」や「特技」ですかね？

平賀所長 そう、その通りです！　ちゃんと理解されていますね。ＣＢＢに当てはめると、自己決定できる領域は、創造レベルの「仕事」と「特技」、そして、その２つが融合した「パーソナル・ビジネス」の３つのブロックです。

秋山 確かに。自ら主体的に仕事やプライベートの活動をしている人って、イキイキしていて、幸せそうに見えますね。

平賀所長 つまり、この３つのブロックの割合が増えれば増えるほど幸福度は上がる、ということです。**ライフキャリアの最終ゴールである「幸せになること」を実現するためには、キャリア資産を蓄積して、この３つのブロックの資産数量を増やすこと**が、ライフキャリア構築の最重要ポイントになるのです。

ただし、先ほど言ったように、ビジネス領域の仕事だけだとライバルも多いし、技術の進歩も速いので、自分のスキルもすぐに古くなってしまう危険性があります。そこで注目したいのは、プライベート領域の「特技」である自立資産です。

幸福感と自己決定　実証研究　自己決定領域を広げること＝幸福感の醸成

幸福感を決定する要因としては、健康、人間関係に次ぐ変数として、所得、学歴よりも自己決定が強い影響を与えることがわかった。

自分で人生の選択をしたことで、選択した行動への動機づけが高まる。そして満足度も高まる。そのことが幸福感を高めることにつながっているのであろう。

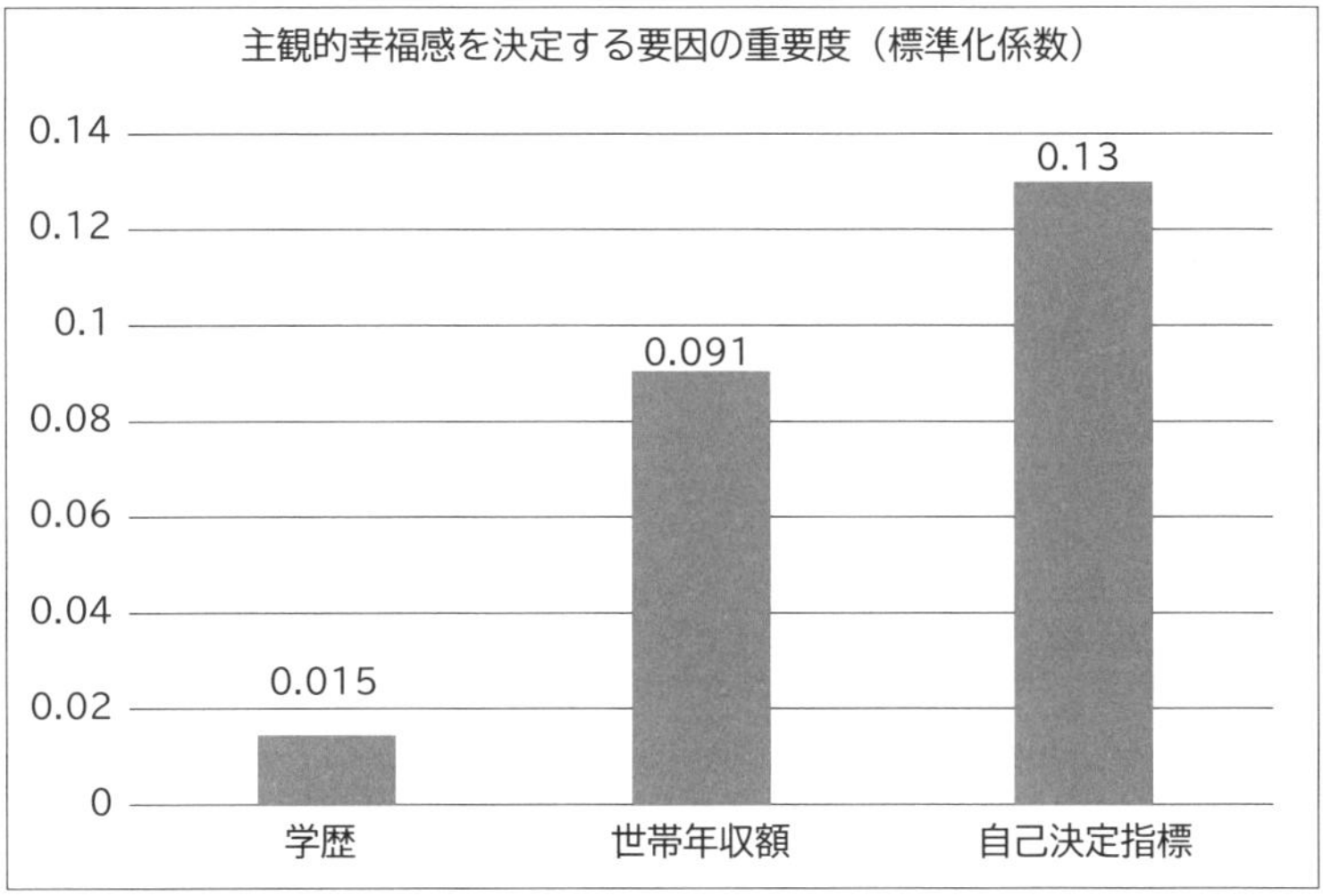

注：学歴は説明変数として統計的に有意ではない

出典：西村和雄・八木匡『幸福感と自己決定―日本における実証研究』(独立行政法人経済産業研究所)

「特技」とは、そもそも自分が好きで始めたものばかりですよね？

秋山　もともと自主的な学びや趣味から始まっているから、それはそうなりますね。

平賀所長　**特技は、好きでやり続けているものが創造レベルに昇華した「自己決定」の結晶**です。これらの特技がビジネス領域の「仕事」と結びつけば、それこそ**自己決定で満たされた幸福の「ライフキャリア」**ができると思いませんか？

秋山　なるほど、今までキャリアをそういう視点で見たことがなかったです。目から鱗《うろこ》ですね。で、3つのブロックの資産数量が増えるかどうかを逆算しながら、今後の計画を立てればいいんですね。

平賀所長　その通りです。幸福感で満たされる「ライフキャリア」をデザインしましょう！

10年かけて、ゆっくり準備する

平賀所長　さて、ここまでCBBの全体像を一通り説明してきました。ビジネス領域とプライベート領域の2軸で人生全体のキャリアを考えること。創造レベルのキャリア資産「仕事」と「特技」をよく貯めていき、掛け算で大きくすること。そして、資産融合させて、あなたオリジナルの「パーソナル・ビジネス」を創り出すこと。すると、幸福の鍵である「自己決定」割合の大きい、心満たされる充実したライフキャリアになります。

秋山さん、ＣＢＢの大切なポイントはわかりましたか。

秋山 はい！　よくわかりました。なんだか見える世界が変わったみたいに感じます。

平賀所長 そうです、それを心理学では **「リフレーミング」**（意味の捉え直し）といいます。秋山さんがご自身のキャリアを新たに捉え直した証拠です。

ここからは、ＣＢＢを使ってライフキャリアを描いていきましょう。ただ、初めに言いますが、本気でライフキャリアを創り上げようと思ったら、とても時間が掛かります。

秋山 えっ、私はもう50代に入ってしまいましたが、今からでも間に合いますか。ここまで会社一筋で来たので、正直プライベートのほうはさっぱり自信がありません。

平賀所長 大丈夫です。短く考えても定年退職まで10年はあります。**10年かけて創り上げる意識**でいいんです。秋山さん、今までの仕事上の経験で考えてみてください。10年かけても全然できなかった業務なんてありましたか？

秋山 そうですね、10年あれば何でもできる気がしますね。ちょっと楽になりました。

平賀所長　それに、皆さん謙遜されるのですが、秋山さんのように第一線で何十年も真面目に働いてきた人たちは、必ず創造レベルのキャリア資産があります。もっとご自身に自信を持っていいと思いますよ。

秋山　ありがとうございます。なんだか勇気が出てきました。我ながら現金だな。（笑）

平賀所長　その調子です。あと、秋山さんのような経歴の方は、会社員でいるあいだに始めることがとても大切です。いきなり起業するのはリスクが高すぎます。家族もいらっしゃるし、それなりの年齢なので、若い頃のようにはいきません。会社という信頼できる〝保険〟を持ったまま、ライフキャリアの実験を始めることをお勧めします。そうです、自分で考え自分で決める、未来のキャリア実験の旅へ出発です！

秋山　なんだかワクワクしてきました！　自分だけのライフキャリアを創りたいです！

平賀所長　今日はここまでです。次回から、いよいよ秋山さんの具体的なライフキャリア創りをスタートしていきましょう。

解説

「キャリア・ビルディング・ブロック」とは

多くの資産を貯めて、ライフキャリア形成の強い基盤を作ることが、この本の目的です。では、どのように強い基盤を作るのか。その答えが、この章で解説するキャリア・ビルディング・ブロック（CBB）です。ストーリーの中で平賀所長から丁寧な説明がありましたが、改めてここで詳しく解説していきます。

キャリア・ビルディング・ブロックは、縦軸を「資産の成長」、横軸を「資産分類」に分けて考えます。

縦軸は3段階です。第1段階は無形資産を身につけるための投資段階、第2段階は無形資産を活用し、価値を生み出すことができる創造段階、第3段階は創造した価値を有形資産化して保有する段階としました。

一方、横軸は、『ライフ・シフト』の無形資産の3分類の中から、生産性資産と変身資産を選びました。便宜上、生産性資産はビジネス領域で、変身資産はプライベート領域で育まれるものと定義しました。

すると、ライフキャリアを形成するうえで大事な5つのブロックが見えてきました。

①労働ブロック（会社の人材投資）

生産性資産を身につけるために会社が教育として投資する段階です。多くの会社が新人教育として、さまざまな学びの場を提供しています。現場での業務が身につくまでの5年くらいがこの時期にあたります。この時期は、会社にとっては、社員に「人材投資」をしているわけですから、ここは「労働」ブロックと呼ぶことにします。

②仕事ブロック（ビジネス創造資産）

生産性資産を活かして、自ら仕事を生み出せる創造段階です。自分の力で仕事を生み出せるようになると、働くことが楽しくなってきます。現場を指揮し、売り上げを作り、会社に貢献する段階になります。これを「仕事」ブロックと呼ぶことにしましょう。

③学び・趣味ブロック（自己投資）

プライベートな領域で、自分の好きなことや必要なことに対して投資する段階です。多くの人は週末や余暇に趣味や学びに時間を割いています。「仕事で溜まったストレスの発散ですよ」と言う人もいますが、このマトリクスでは自己投資であり、ライフキャリアにおいて、とても大事なブロックです。

④特技ブロック（自立資産）

自分の好きなことで、何か価値あるものを生み出せる段階です。これを「特技」ブロックと呼びます。特技は、ライフキャリアでは立派な資産であり、会社に入社して給料をもら

キャリア・ビルディング・ブロック（Career Building Block）

縦軸はビジネスにおける資産の成長、横軸はビジネス領域とプライベート領域の分類で整理した。各資産がどう変化していくのかをマップ化したのが、本フレームワークである。

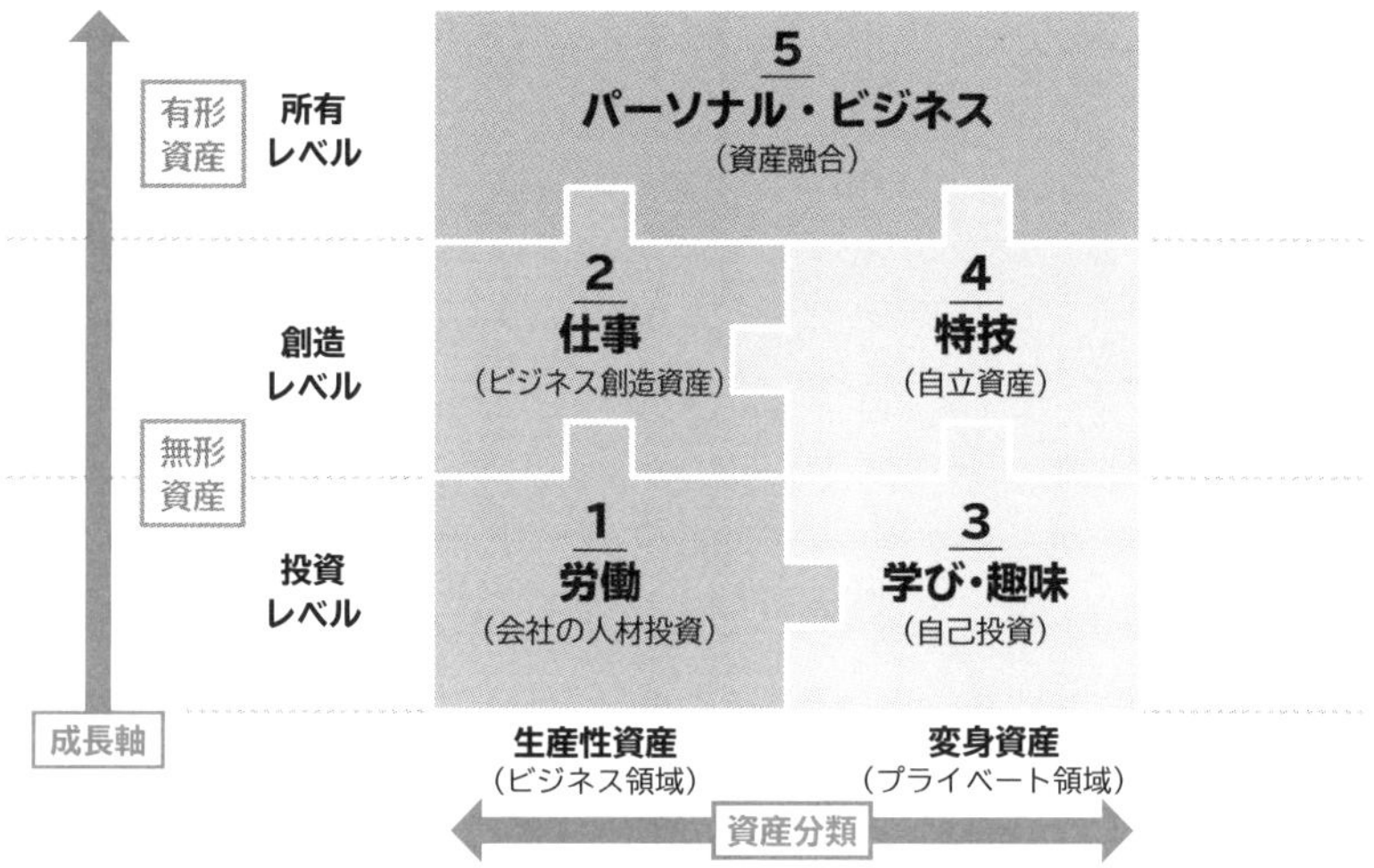

わなくても、この資産を活かして稼いでいる人はたくさんいます。わかりやすい例でいえば、YouTuberは自分の特技をコンテンツ化して稼いでいる典型例です。

⑤パーソナル・ビジネスブロック（資産融合）

ここは創造段階にある仕事ブロックと特技ブロックの資産を融合させて、自分だけの事業を生み、所有する段階です。このブロックでは、自分の好きなことで磨きがかかった資産と、ビジネスを生み出す資産が融合しているわけですから、とてもやりがいのある、幸せな事業を所有していることになります。

資産価値の物差し：成長レベルと資産パワーの可視化

キャリア・ビルディング・ブロックの縦軸、「資産の成長」について、さらに詳細に見ていきます。

投資レベル、創造レベルというのは、言葉ではなんとなくわかっているように思えますが、自分の資産がどのレベルにいるのか、正しく判断することはなかなかできません。そこで、次の図のように、資産の成長レベルを5段階で示し、さらにパワー指数として資産パワーを可視化できるようにしました。

個人の趣味や特技も成長５段階で検討する

本業も個人の趣味もどのレベルにいるのかは、成長5段階のパワー指数で検討できる。

		ビジネス領域成長レベル	成長５段階とパワー指数	プライベート領域成長レベル（ex. 料理）
創造レベル	レベル5	新しい仕事を生み出す	つくる（Create）：5.0	新しい料理を生み出す
	レベル4	経験したことを他者に教える	教える（Teach）：3.0	料理のレシピを他者に教えられる
	レベル3	仕事の全体を経験する	一仕事する（Work）：2.0	材料の準備から調理まで一通り経験する
投資レベル	レベル2	仕事の一部分を経験する	一緒にやる（OJT）：1.0	調理を手伝い、経験する
	レベル1	基礎知識を学ぶ	知る（Know）：0.5	基礎知識を学ぶ

レベル1―知る（Know）

基礎知識を知っている状態です。頭ではわかっているものの、実際に自分でやったことがない状態です。パワー指数は０・５です。

レベル2―一緒にやる（OJT）

先輩の身振り、手振り、話し方を見ながら、実際に仕事の一部分を経験する状態です。会社では、On the Job Trainingのことです。パワー指数は１・０です。

レベル3―一仕事する（Work）

仕事の全体を経験し、自分で仕事を動かすことができるレベルです。パワー指数は２・０です。

レベル4―教える（Teach）

経験したことを他者に教えることができるレベルです。自分が経験してきたことを一度総括して、何が大事かを言語化できるレベルです。パワー指数は３・０です。

レベル5―つくる（Create）

これまでの経験や知識を活かして、新しい仕事や価値を生み出せるレベルです。これができるようになると、創造型人材として重宝されるでしょう。パワー指数は５・０です。

趣味から特技へは、成長スピードが速い

仕事は上司の意思決定に従う組織上のルールがあり、思うようにならないことも多い。

一方で、個人の趣味や特技の領域では、自己決定領域が広く、自分のスピードで成長が可能。

したがって、パワー指数 2.0 のキャリア資産を作るのであれば、個人領域で取り組むほうが手っ取り早い。

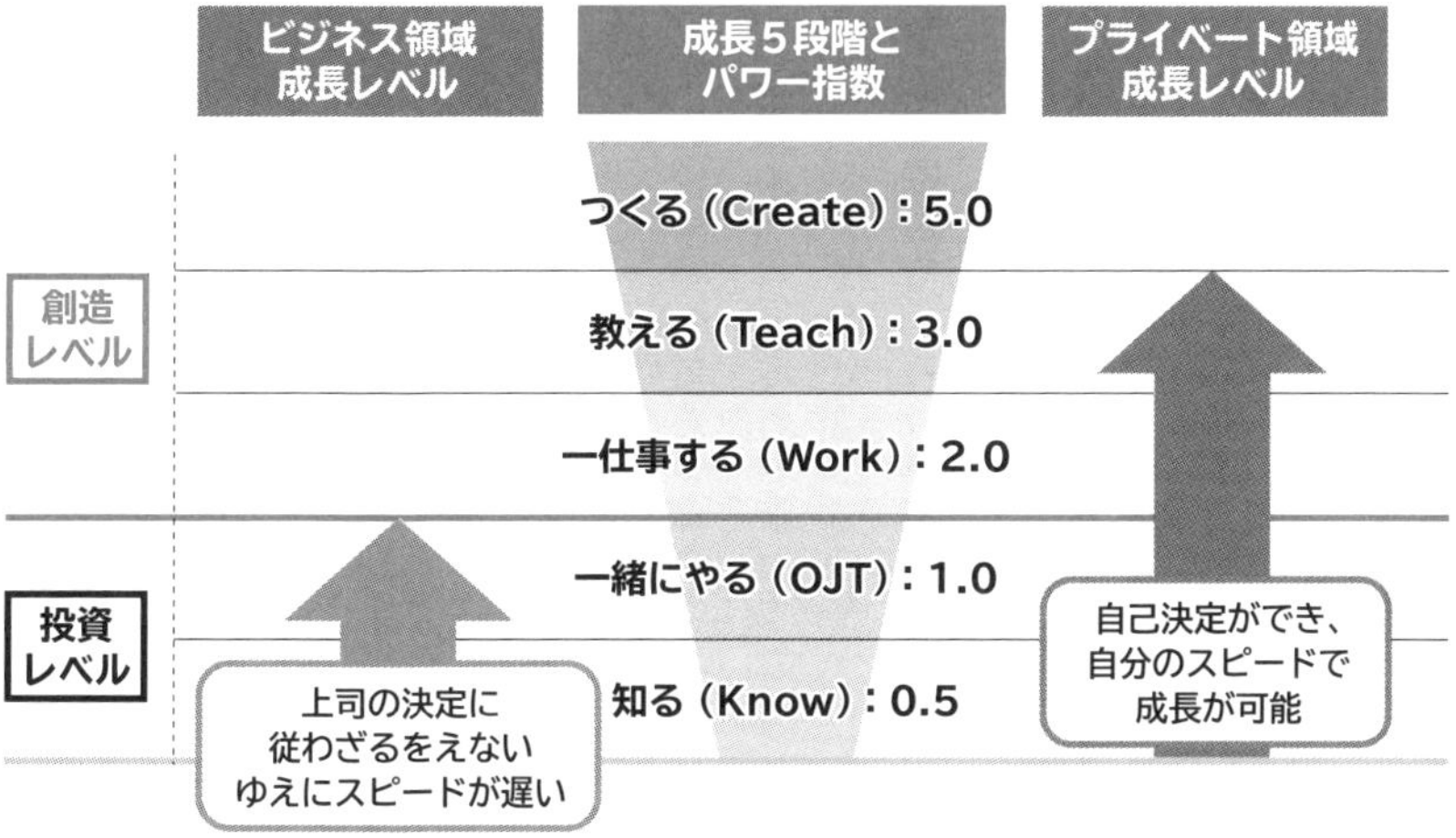

レベル1〜2は投資レベル、レベル3〜5は創造レベルに該当します。

先ほどの解説にも書きましたが、投資レベルのパワー指数は1・0か0・5で、この数字は掛け算してもそのままか、もしくは元の数字より減少してしまいます。一方で、創造レベルのパワー指数は2・0〜5・0となっており、掛け算すると数倍に膨《ふく》れ上がるようになっています。

つまり、レベルの高い資産同士を組み合わせたときの資産融合の強さを数値でよりはっきり把握できるようになります。たとえば、生産性資産と変身資産の内容が共にレベル4だった場合、パワー指数は3・0ですから、3・0×3・0で9・0になります。

最後に、成長スピードにも触れておきます。仕事は上司の意思決定に従う組織上のルールがあり、思うようにならないことが多いのも事実です。一方で、個人の趣味や特技の領域では、自己決定の裁量が広く、自分のスピードで成長が可能です。したがって、パワー指数2・0のキャリア資産を作るのであれば、個人領域で取り組むほうが手っ取り早いかもしれません。

会社と自己の創造資産を築く：ライフキャリア形成の基盤

ライフキャリアを形成するための基盤となる資産は、創造レベルの資産をどれだけ多く貯めておけるかにかかっています。ビジネス創造資産の数が多ければ、ビジネスを生み出し、マネタイズしやすい状態といえるかもしれません。

| 創造レベルの資産数量がライフキャリア形成の基盤

創造レベルの資産を融合することで、何にでも変化できるライフキャリアの基盤になる。

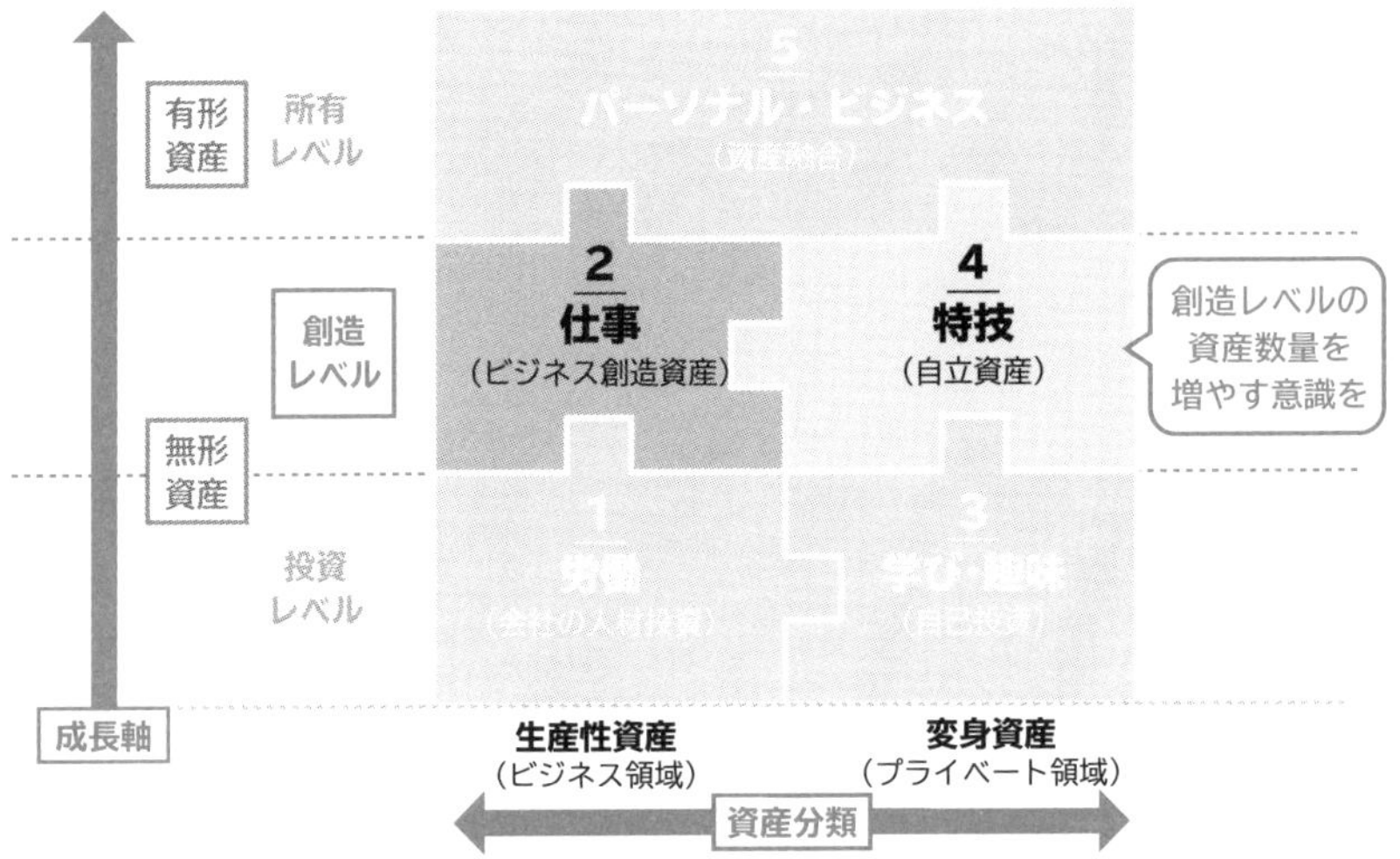

一方で、特技の自立資産の数が多ければ、自分が好きなことで価値を生み出すことができるわけですから、幸福度は増していきます。重要なのは、仕事ブロックと特技ブロックの資産をバランスよく蓄積し、ポートフォリオを意識して磨いていくことです。

最近のキャリア業界のキーワードに「プロティアン」という言葉があります。米ボストン大学経営大学院で組織行動学や心理学の教鞭を執るダグラス・ホール教授が提唱しているもので、「変化し続ける」「変幻自在な」「一人数役を演じる」という意味があります。ギリシア神話に出てくる、思いのままに姿を変えることができるプロテウスという神様が語源で、ここから、変化に応じて、自分の意思で自由に姿を変えるキャリア形成のことを「プロティアン・キャリア」と名づけています。

このプロティアン・キャリアがいうところの変幻自在に姿を変える基盤というのは、この本では、創造レベルの資産数量のことです。資産数量が多ければ、組み合わせもバリエーションが多くなります。したがって、組み合わせの数だけ、キャリアの選択肢を変幻自在に生み出せることにつながるのです。

ライフキャリアと幸福の関係性

ライフキャリアを構築するうえで、私たちが重要視しているのが「幸せ」との統合です。やはり、人生は幸せでないと意味がありません。私たちは幸福を感じる要素を2つ、このキャリア・ビルディング・ブロックに込めています。一つは自己決定領域を確保すること、もう一つは特技を資産融合することとです。

1 自己決定領域を広げることが幸福感を醸成する

幸福度に関する注目すべき研究があります。神戸大学の西村和雄特命教授と同志社大学の八木匡《ただし》教授の「幸福感と自己決定―日本における実証研究」という共同研究です。

この研究では、2万人の日本人を対象に、所得、学歴、健康、人間関係、自己決定を要因とする調査・分析を行いました。その結果、幸福感を決定する要因としては、健康や人間関係に次いで、自己決定が強い影響を与えている（所得や学歴よりも強い）、というのです。人生の選択をすることが、動機づけと満足度を高め、それが幸福感の向上につながる、と論文では分析されています。とりわけ「人生の選択の自由」が低いとされる日本社会において、**「自己決定度の高い人は幸福度が高い」という発見**は、これからのライフキャリアを考えるうえで非常に重要な視点です。

仕事が自分で進められ、楽しいことや昇進へのモチベーションは、初めは単純に年収の増加に結びつけがちですが、実際には、仕事での裁量や自己決定の範囲が広がることが、いっそう重要な要因かもしれません。

これは、キャリア・ビルディング・ブロックで考えると、労働が仕事ブロックに到達することであり、仕事を生み出せるようになることは、実は自己決定領域が広がることと強い関係があると考えられます。

同じことが特技にも当てはまります。何か有益なものを生み出せるようになると、自分の裁量でさまざまなことを決める領域が広がります。**私たちがライフキャリア形成で創造的な資産を増やすことを重要視しているのは、この領域に到達すると自己決定の余地が増え、自分で判断できることで幸福度が増すから**にほかなりません。

2 特技を資産融合することで、やりがいのある仕事に変化する

従来のキャリアに焦点を当てた本では、生産性資産を積極的に増やし、収入を増やそう、起業しようというアプローチが一般的でした。ただし、これまでのビジネスの延長線上で起業しても、競合が多く、技術の進歩に追いつくことが難しく、自身のスキルが陳腐化する可能性も否定できません。

私たちが**強調したいのは、プライベートでの得意分野＝特技（自立資産）**です。特技とは、自分が好きで始めたもの、または、やり続けるうちにますます魅力を感じるようになったものがほとんどです。これらはすでに自分の心を喜びで満たしているポジティブな要素です。これらの個人的な資産と、ビジネスで培ったスキルが結びつけば、「やりがいのある仕事」に変わることでしょう。

これまでの仕事では、ミッションや予算が課せられ、それをクリアすることが求められてきました。これが多くのサラリーマンにとってストレスの原因になってきました。しかし、自分の特技を活かして事業を立ち上げ、自分のペースで楽しくやることができれば、ストレスもなく、心が満たされた状態に保たれます。

正社員でいるうちに、小さなキャリア実験を始めよう

ここまでキャリア・ビルディング・ブロックの説明をしてきました。まずはワークシートを活用して、自分の創造レベルの資産がどれだけ貯まっているのか、そしてその資産レベルはいくつなのかを〝棚卸し〟して確認してみましょう。そして、それらの資産を融合して、自分だけのオリジナルな個人事業を作ることができたら、やりがいがあり、心が満たされるビジネスが生まれます。

次に、キャリア・ビルディング・ブロックを活用して、現状の資産の棚卸しを行い、今の資産でどれだけユニークな事業が生み出せるのか、トライしてみましょう。

昔と違って、現在では副業や兼業を認める会社が増えてきました。あるいは、会社内での新規事業のプロジェクトも増えてきましたし、オープンイノベーションのチャンスもたくさんあります。自分の資産融合の結果、見えてきた小さなビジネスの種を、こういった機会を有効活用して形にしてみることが大事です。

退職後にいきなり大きな事業を考えるのではなく、正社員でいるうちに、自身の資産を常に棚卸しし、融合させて、新規事業を考える実験的な取り組みを経験することこそが、ライフキャリアを有効で楽しいものにする準備であり、基礎トレーニングになるのです。

第 3 章

再考

会社の新しい意味を見出そう

LIFE CAREER

早期退職制度の衝撃

ライフキャリア研究所での2回目の講義が終わった翌週、秋山は久々にビジネス書勉強会に参加した。そこで、研究所を紹介してくれた南方と再会した。

南方 おっ、秋山さん。久しぶり！　元気？　ライフキャリア研究所には行っているのかい？

秋山 はい、今2回目の講義が終わったところで、来週が3回目です。いよいよ「ライフキャリア」を実際に描くところまできました。

南方 順調そうだね。実際に平賀所長の講義を受けてみて、どう？

秋山 すごくいいです！　今まで漠然と「それが当たり前」と思っていたキャリアに対する考え方がことごとく覆《くつがえ》されるというか……。いい意味で、ハッとすることが講義中に何回もあります。

南方 俺もそうだったなあ。いい経験をしているみたいだね。紹介した甲斐があったよ。

秋山　でも、実は「ライフキャリア」が実際に描けるかどうか、ちょっと心配なんです。とくにプライベート領域の特技なんて全然思いつかないし……。

南方　大丈夫！　平賀所長と一緒にやれば必ずできるよ。一人だとなかなか自分のことを考えるのは難しいけれど、彼がちゃんとナビゲートしてくれるから心配ないよ。

秋山　それを聞いて安心しました。結構ワクワクしています。

南方　CBBを描いているうちに、だんだん視界が開けてくるような感覚になるんだよね。いい「ライフキャリア」が描けることを祈っているよ。

秋山　ありがとうございます。未来に希望が持てる「ライフキャリア」を描きたいと思います。

久々に会った南方から応援してもらい、秋山は気分よく家路についた。ところが――。

翌日、秋山がいつも通りに出社すると、人事部から緊急の発表があり、社内がざわついていた。50歳以上の社員に対する「早期退職制度」が発表されたのだ。期間中に応じれば、退職金に年収1年分が上乗せされるという。とりわけ業績が悪いわけではない状況下で、「収益力強化に向けた構造改革の一環」として発表されたニュース。秋山をはじめとする50代の社員は複雑な気持ちでその日一日を過ごした。

秋山は思った。うちの会社も「早期退職」という名のリストラをやるようになったかあ。そこまで会社の状況は悪くないだろうに。なんだか自分たちの世代はもうあまり期待されていないみたいだ。あまりいい気分はしないな。

でも、考えようによっては、もう50代。同じ会社に30年もいる。リストラの有無にかかわらず、そろそろ次の、新たなステージを考えるべき時期なのかもしれない。定年まで居られる保証なんてどこにもないし、これからの人生、自分はいったいどうしたいのか、本気で考えないといけないいな――。

1週間後、秋山は3回目の講義に参加するため、いつもの新橋の白いビルに向かった。12月の初旬で肌寒く、ダウンジャケットが恋しい季節になっていた。

平賀所長　ややあ、秋山さん。寒かったでしょう。コーヒーでもいかがですか。

秋山　平賀所長、ありがとうございます。すっかり冬ですね。

平賀は挽《ひ》き立ての豆で温かいコーヒーを淹《い》れてくれた。こだわりの最高級ハワイコナで、柑橘系のフルーティーな味わいだ。部屋はいつも南国のコーヒーの香りで満たされている。

平賀所長　何か変わったことでもありましたか。心なしか元気がないように見えますが。

秋山　えっ、わかりますか？……実は、うちの会社も流行《はや》りの「早期退職制度」が発表されまして。対象が50歳以上。まさにターゲットど真ん中なんです。そんなこんなで、今週はちょっと複雑な心境で過ごしていたんです。

平賀所長　それは考えてしまいますよね。ただ、ちょうどいいタイミングというわけではありませんが、今日の講義は〝その気持ち〟に役立つ内容だと思います。

今回から、いよいよ実際に秋山さんの「ライフキャリア」を描いていきます。

秋山　はい、楽しみにしていました。よろしくお願いします。

平賀所長　さっそくですが、ライフキャリアは「3つのステップ」で描いていきます。

そう言って、平賀は液晶ディスプレイにスライドを映し出す。もう見慣れたCBBの図だったが、新たに「分析の順序と視点」と書かれ、3つのステップが示されている。

ライフキャリアの視座ですべてを見る

平賀所長 3つのステップとは、【STEP1：本業分析】、【STEP2：プライベート分析】、【STEP3：資産融合】の3つです。これから一つずつ順番に話していきます。

まずは【STEP1：本業分析】です。秋山さんのビジネス領域のキャリア資産を〝見える化〟していきます。具体的な作業に入る前に、本業、つまり会社の捉え方についてお話しします。会社に閉じたキャリアの考え方を、ここでは便宜上「ワークキャリア」と呼びます。それに対して、ここまで説明してきたビジネス領域とプライベート領域全体を含めたキャリアを「ライフキャリア」と呼びます。

ここまでいいですか？

秋山 はい、会社に閉じたキャリアが「ワークキャリア」、人生全体を包括するのが「ライフキャリア」ですね。

平賀所長 この2つのキャリアの違いを表にまとめてみました（125ページ表参照）。

表で明らかなように、「ワークキャリア」と「ライフキャリア」はそもそものキャリアの捉え方に大きな違いがあります。「ワークキャリア」が昭和から平成の「会社での仕事＝キャリア」がベースになっていることに比べ、「ライフキャリア」は令和に代表される「自分が主役」の考え方です。

分析の順序と視点

3つのSTEPに従って、資産を棚卸しし、強い資産同士を融合させていく。

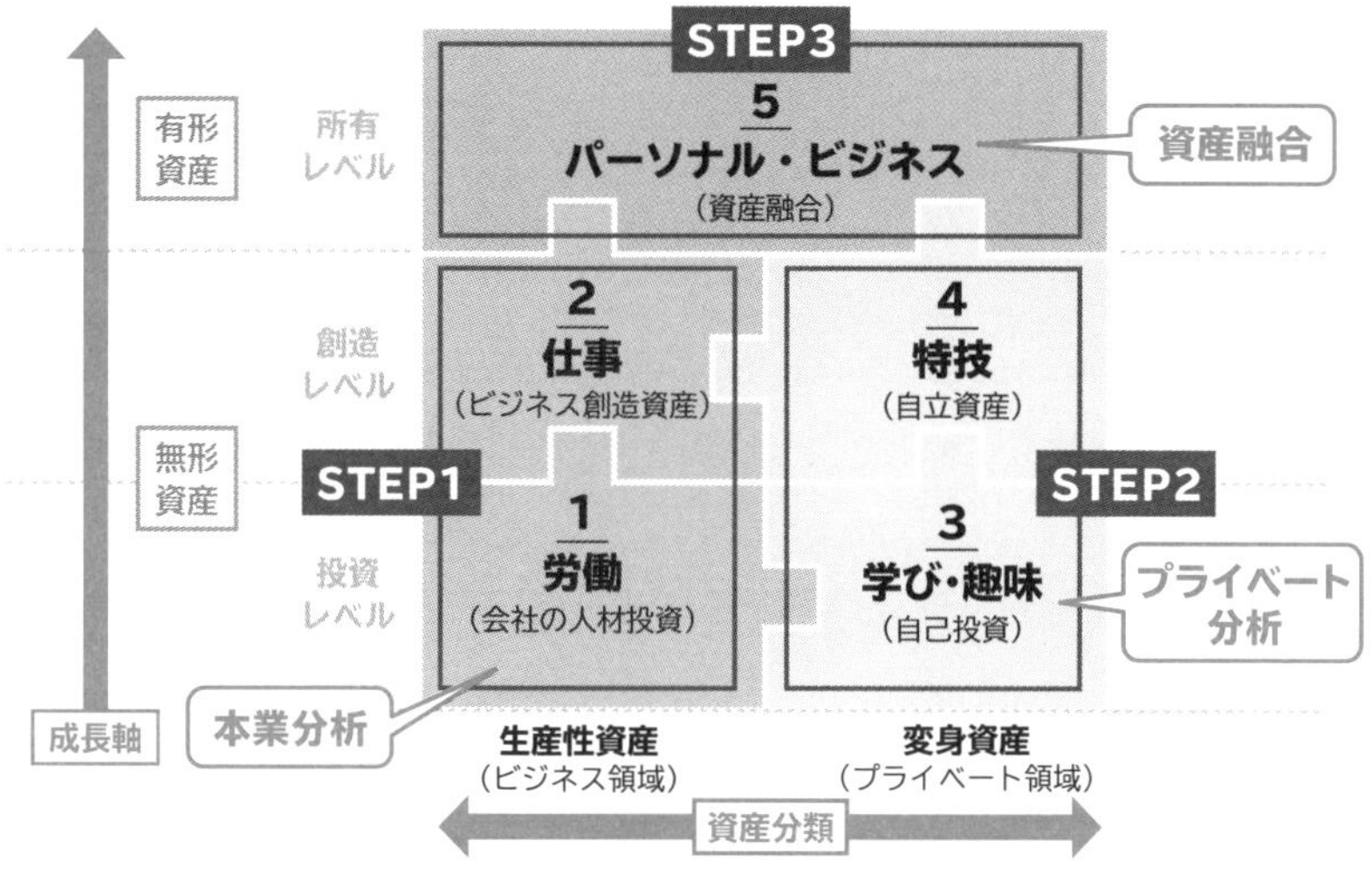

キャリアを動かすモチベーションになるものは、「ワークキャリア」が昇進・昇給であるのに対し、「ライフキャリア」は人生の幸福など、形のないものになっていきます。また、その人の価値の源泉は、「ワークキャリア」では会社の看板やブランドであるのに対して、「ライフキャリア」では個人の能力、とくにビジネスを生み出す力です。

秋山さんのように新卒で入社して同じ会社にずっといる人はとりわけ、知らず知らずのうちに「ワークキャリア」の考え方が染みついてしまいがちであることも、この表を見ると理解できると思います。

秋山　まさにそうですね。あまり考えたこともなかったのですが、こうして見ると、社会はどんどん変化しているのに、自分自身だけが「古い考え」のまま思考が止まっていた気分です。

平賀所長　無理もないですよ。そもそも、安定した会社にいる人は、これまでの時代は考える必要がなかったわけですから。

ただ、今や寿命が大きく延び、定年後も20年間ぐらいは自分の力で稼がなくてはいけない必要性が出てきました。そうなると、いざ定年を迎えて、年金と退職金だけだと心許ないですよね。ゆえに**「ワークキャリア」から「ライフキャリア」にだんだんと意識転換していく必要がある**と思います。

ワークキャリアとライフキャリアの視座の違い

視座	ワークキャリア	ライフキャリア
人生の長さ	人生80年	人生100年
モチベーション	昇進・昇給	幸福な時間
主体	会社	自分
価値源泉	会社のブランドと売上実績	小さな事業を生み出せる能力
仕事に対する意識	予算達成	予算達成と 戦略的無形資産形成
時間軸	短期的	長期的
会社の捉え方	予算と権限を得て、 影響力保持	ビジネス創造資産を 蓄積する場
退職後の収入	年金＋退職金	年金＋退職金＋事業収益
無形資産の種類	生産性資産メイン	生産性資産＋変身資産
象徴的な時代	昭和・平成	令和
評価	相対評価	絶対評価

秋山　本当にそうですね。長らく会社の看板に守られてきたので、その看板をとっぱらった本当の自分の実力をちゃんと把握しておかないといけない、と本気で思いました。

平賀所長　いい心掛けです。ただ、一概に「ワークキャリア」がダメで「ライフキャリア」がいい、というわけでもないんです。

秋山　と、いいますと？

平賀所長　それは、年代に応じて必要なスキルが変わってくるからです。
　次の「ワークキャリアとライフキャリアの比較」の図を見てください。まだ十分なキャリア資産が蓄積されていない20代や30代の若い世代に関しては、本業のスキルの習得が最も大切です。ですから、まずはビジネススキルのベースを作るために、「ワークキャリア」を重視して本業の仕事に集中する期間が必要なのです。
　一方で、年代が上がり、経験を積んでキャリア資産が蓄積されてきたタイミングでは、定年後も視野に入れて徐々に「ライフキャリア」的な考え方にシフトしていくことが理想的です。会社にばかり依存することなく、小さくとも自分の力で稼ぐ体制を作る準備をしていく必要があるのです。

秋山　なるほど、よくわかりました。50代になったら「ライフキャリア」のウェイトを大

ワークキャリアとライフキャリアの比較

ワークキャリアからライフキャリアへの変換は急にはできない。
50歳くらいからライフキャリアの比重を高めて、退職後に備える。

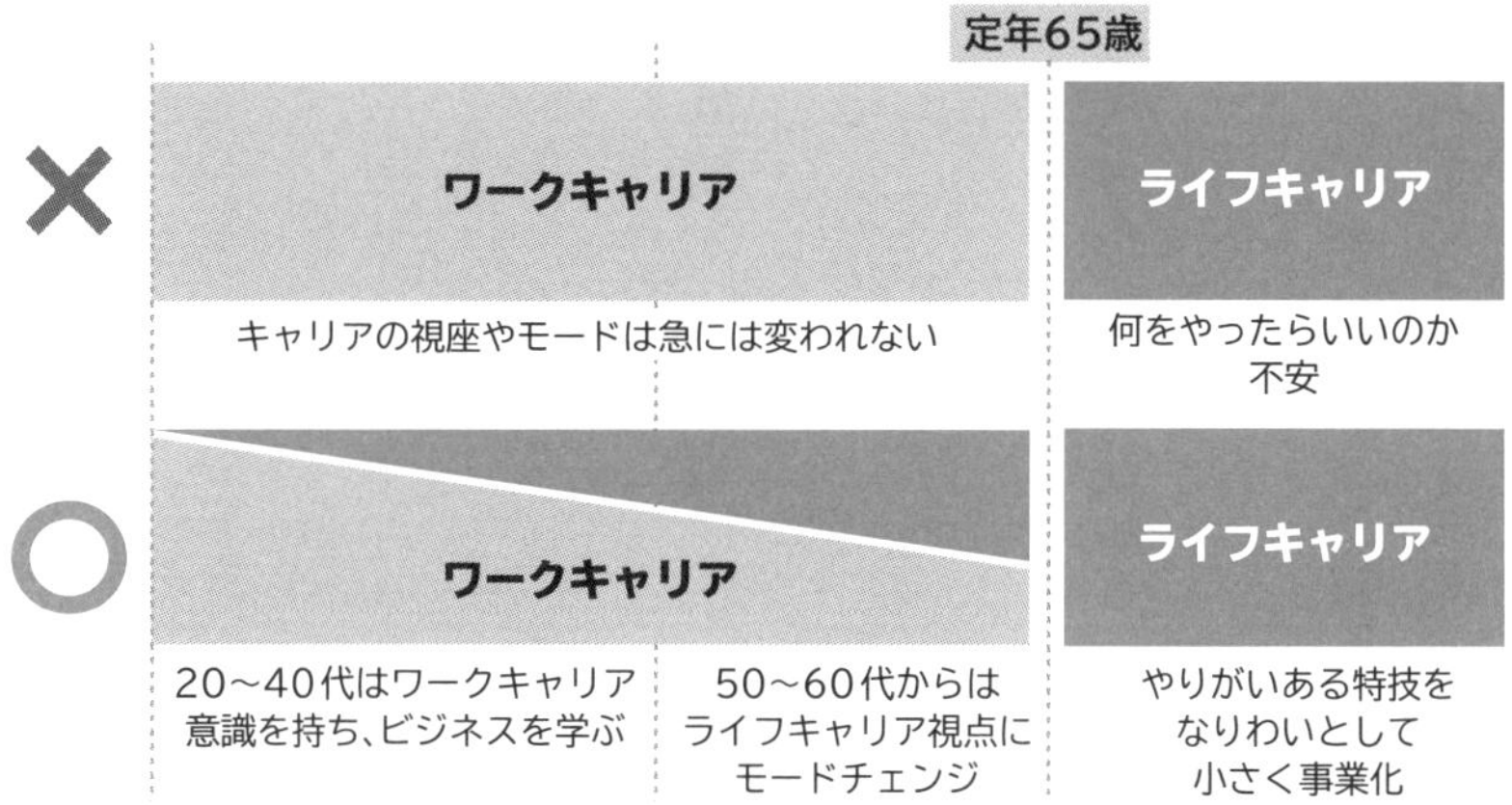
定年65歳
×
ワークキャリア
ライフキャリア
キャリアの視座やモードは急には変われない
何をやったらいいのか不安
○
ワークキャリア
ライフキャリア
20〜40代はワークキャリア意識を持ち、ビジネスを学ぶ
50〜60代からはライフキャリア視点にモードチェンジ
やりがいある特技をなりわいとして小さく事業化

きくして、会社だけでなく、自分主体で物事を動かしていかなくてはいけませんね。

平賀所長　そうです。小さくとも自分の人生という船の舵《かじ》を自分で取る練習は、今からしておかなくてはいけない、ということですね。
それでは、ここから具体的に秋山さんの本業のビジネス経験の棚卸しをしていきましょう。ここからはワークシートを使って実際に書き出しながら進めていきます。このワークシートを見てください。

ワーク：ビジネス経験の棚卸し

＊ここから読者の皆さんも254ページ以降のワークシートを使って、一緒にワークをしてみましょう！

こちらよりダウンロードできます

平賀は1枚のワークシートを取り出した。

平賀所長　秋山さんがこれまでどんな仕事の経験をしてきたかを書き出していきます。そのとき、次の切り口で書いてください。「ビジネス知識」「ビジネススキル」、そして「ビジネスマインド」の3つです。
ビジネス知識は、一般常識や業界知識など〝知っていること〟です。ビジネススキルは、知っているだけでなく、実際に〝形にできること〟です。そして「ビジネスマインド」は仕事をするうえでの〝心構え〟〝スタンス〟といったものです。

秋山さん、説明はわかりましたか？

秋山　はい、それぞれの意味はわかります。ただ実際に自分の知識やスキルがどれだけあるのか、書き出してみないとわからないですね。

平賀所長　そうですね、まずは書いてみましょう。頭で考えるだけなのと、実際に言葉にして書き出すことは全然違いますからね。

それから秋山は、平賀にところどころ質問しながらも、30分ほどかけてワークシートを書き上げていった。

秋山　なんとか3つの欄を埋めることができました。これって、どうなんでしょう？

平賀所長　ちゃんと要点を捉えていますよ！　確認したいのですが、まずビジネス知識からです。建設業界知識、会計・財務知識、マネジメント知識とありますね。この中で、秋山さんが最も得意なものは何ですか？

秋山　そうですね、やはり建設業界の知識ですね。新卒入社から建設業界一筋なので、管理部門から最前線の現場まで何でも知っているつもりです。

平賀所長　いいですね。業界全体について、現場感を含めて理解しているというのは、とても大きな強みですね。

それでは、次にビジネススキルですが、経理・財務スキル、マネジメントスキル、プロジェクト管理スキルの3つを書いていますね。同じ質問で、この中でいちばん得意だと思うスキルはどれですか？

秋山　スキルという意味では、経理・財務スキルがいちばんの強みだと思います。規模も売り上げも非常に大きな大規模現場の会計業務一式を行うことができます。建設業の会計業務は、進行基準や完成基準など管理方法も業界特有のものが多くて、知識と経験がないとできないものだと思います。

平賀所長　なるほど、業界外の人には真似できない希少性の高いスキルに見えますね。

次は3つ目のビジネスマインドです。「超プラス思考」「セルフスターター思考」「粘り強さと責任感」とありますが、この中で秋山さんの最大の特徴は何ですか？

秋山　強みというほどのものなのか、ちょっと自信はないですが、学生時代から何でも前向きに捉え、人よりプラス思考でした。加えて、大きな感情の浮き沈みがない点は、我ながら、とてもいいところだと思っています。

平賀所長　ははは。それは羨《うらや》ましいな。何事も明るく前向きに捉えられること以上にいいスタ

| A-1 | 秋山和真 |（ワーク）記入例

A-1 | 本業におけるビジネス経験の棚卸し

ビジネス経験の棚卸し	
ビジネス知識（知っていること）	●建設業界知識（ゼネコン関連知識、現場事務、大規模プロジェクト運営ノウハウ ほか） ●会計・財務知識（建設業管理会計、決算業務、税務知識 ほか） ●マネジメント知識（経理グループ６名のメンバーマネジメント、育成ノウハウ）
ビジネススキル（形にできること）	●経理・財務スキル（建設業会計業務、決算業務、財務管理、金融機関対応 ほか） ●マネジメントスキル（経理グループ６名のメンバーマネジメント） ●プロジェクト管理スキル（大規模システム導入プロジェクトマネジメント）
ビジネスマインド（心構え）	●超プラス思考（何事も前向きに捉え、メンタルの浮き沈みが少ない） ●セルフスターター思考（自ら気持ちをモチベートできて自律的に物事を動かせる） ●一度取りかかると最後までやり切る粘り強さと責任感

ンスはありませんよ。だからこそ、秋山さんはこうやってうちの研究所にも来てくれたんですものね。

秋山 褒《ほ》められるとなんだか嬉しいな。

平賀所長 秋山さん、実際に自分のビジネス経験を書き出してみて、どうですか？

秋山 初めはちょっと心配でしたが、アドバイスをもらいながらだったので、なんとか書けたって感じですね。

平賀所長 私から見ると、秋山さんはビジネス経験を通した建設業界の知識をベースに、建設業の財務・会計スキルという希少性の高いスキルをお持ちで、かつ、それをチームで進めていくマネジメントスキルまで経験している。とてもレベルが高いと感じます。

改めてご自身のビジネス経験を言語化してみると、ほかの人にはない、とても立派な蓄積があるとは思いませんか？

秋山 ……正直、わかりません。自分では仕事をするうえで普通のことだと思っていたことばかりなので。改めてこれまでの経験の価値を認めてもらえると、とても嬉しいです。

この度はご購読ありがとうございます。アンケートにご協力ください。

本のタイトル

●ご購入のきっかけは何ですか?(○をお付けください。複数回答可)

1 タイトル　2 著者　3 内容・テーマ　4 帯のコピー
5 デザイン　6 人の勧め　7 インターネット
8 新聞・雑誌の広告（紙・誌名　）
9 新聞・雑誌の書評や記事（紙・誌名　）
10 その他(　)

●本書を購入した書店をお教えください。

書店名／　（所在地　）

●本書のご感想やご意見をお聞かせください。

●最近面白かった本、あるいは座右の一冊があればお教えください。

●今後お読みになりたいテーマや著者など、自由にお書きください。

どうもありがとうございました。

郵便はがき

おそれいりますが
63円切手を
お貼りください。

1028641

東京都千代田区平河町2-16-1
平河町森タワー13階

プレジデント社

書籍編集部 行

フリガナ		生年（西暦） 年	
氏　　名		男・女	歳
住　　所	〒 TEL　　　（　　　）		
メールアドレス			
職業または 学校名			

ご記入いただいた個人情報につきましては、アンケート集計、事務連絡や弊社サービスに関するお知らせに利用させていただきます。法令に基づく場合を除き、ご本人の同意を得ることなく他に利用または提供することはありません。個人情報の開示・訂正・削除等についてはお客様相談窓口までお問い合わせください。以上にご同意の上、ご送付ください。
＜お客様相談窓口＞経営企画本部 TEL03-3237-3731
株式会社プレジデント社　個人情報保護管理者　経営企画本部長

平賀所長　ほとんどの方が同じような感想を持たれます。自分にとって当たり前だと思っていたことが、実は当たり前じゃないということがわかるだけで、このワークはとても意味があるんです。もっと自信を持ってください。

秋山　はい！　ちょっと自信が出てきました。意外と褒められて伸びるタイプなのかな。（笑）

平賀所長　それでは、次はビジネス領域の創造レベルである「仕事」ブロック、ビジネス創造資産についてワークを進めていきましょう。

ワーク：ビジネス創造資産のチェック

平賀所長　創造レベルの仕事とは、〃自ら考え、自ら決め、自ら仕事を創り出す〃仕事です。とくに「ビジネス創造資産」は、ビジネスを一気通貫で生み出す力です。もっと言うと、**小さくてもマネタイズまで自分一人で持っていける力**ですね。

なぜ、小さくてもビジネスを生み出す力にこだわるかというと、人生１００年時代になると、退職後20年ぐらいは自分で稼ぐ力を持たないと心許ない状況になるからです。年をとってからの転職といってもなかなか難しい時代ですからね。しかも、老体に鞭《むち》打って、やらされ仕事をするのはしんどいですよ。自分のペースで、ストレスなく仕事をするには、自ら仕事を創ることができないとダメなんです。

秋山　そうですね。私も今回、自社の早期退職制度の話を聞いて、「本気で考えなければいけないな」と切実に思いました。

平賀所長　前回の講義でも話しましたが、大きな企業になればなるほど、一人が担当する業務範囲は狭くなります。逆に、個人事業主や中小企業に勤めている人のほうが、必要に迫られてという側面もありますが、担当業務範囲は広いことが多いのです。つまり、秋山さんのように大企業でずっと働いてきた人ほど、残念ながら一人でビジネスをトータルで生み出す力は足りないのです。

秋山　おっしゃる通り、自分もそこは本当に弱いと思います。私自身、財務や会計の知識ならそれなりに自信がありますが、営業をしたこともありませんし、商品の開発などもまったく経験がありません。もちろん、経営陣として会社経営にタッチしたこともありません。

……なんて話をしていたら、だんだん不安になってきました。

平賀所長　ごめんなさい、必要以上に不安にさせちゃいましたね。そんなに心配しなくても大丈夫ですよ。ここで**大切なのは、〝自分を知る〟こと、つまり、正確な現状把握をするということ**です。

これから「ライフキャリア」を描くにあたっては、キャリア資産の土台となる「ビジネス創造資産」を正しく把握して、自分がすでに持っているもの、足りないものを認識することが最も大切です。

秋山 なるほど、闇雲に不安がってても仕方ないですよね。確かに、具体的にどんな能力が足りないのかがわかっていないですから。

平賀所長 そこで、秋山さんの「ビジネス創造資産」を把握するワークをしたいと思います。

そう言って平賀は、次のスライドを映し出した（137ページ参照）。

平賀所長 これがあなたのビジネス創造資産を「見える化」する「＋40型チェック」です。十字型になっていて、5つの資産にそれぞれ8個ずつ、40個の項目で構成されています。

秋山 なんだかすごいリストですね。

平賀所長 ビジネスを自ら考え、組み立てて、実行できることに必要な5つの資産です。それは「①課題発見力」「②ビジネス構想力」「③チーム実行力」「④ヴィジョンメイク」、最後に「⑤心構え」です。

この図の形にも意味があります。まず、横に3つ並んでいるボックスです。左から「課題発見力」「ビジネス構想力」「チーム実行力」。この3つはセットになっています。まず「課題発見力」は世の中や社会、つまりマーケットの中からニーズや課題を導き出す力です。ビジネスの種を発見する力ですね。次に「ビジネス構想力」ですが、発見した課題やニーズをちゃんと商売として成り立つビジネスに仕立てる力です。最後に「チーム実行力」です。仕立てたビジネスモデルを、実際に実行して結果を出す力です。もちろん一人でやるだけでなく、複数の人たちとチームを組んでうまくやる力も含まれます。

この3つはビジネスを見つけ出し、計画に仕立てて、実行に移す一連の流れに必要なビジネス創造資産です。PDS（Plan-Do-See）といったりもしますね。

秋山 なるほど、ビジネスを生み出す一連の流れを3つのパートに分けている感じですね。

平賀所長 そうです、その通りです。そして十字型の上の部分に「ヴィジョンメイク」のボックスがあります。この資産は、自分が行うビジネスを何のために行うのか？ 何を実現したくてやるのか？ など、ビジョンを作り出す力です。最近は「儲かればいい」というビジネスが世の中に受け入れられない時代なので、ビジョンを持つことはとても大切です。

秋山 なるほど、「サスティナビリティ」とか「パーパス経営」とか、最近のトレンドですね。

A-2 「ビジネス創造資産」+40型チェック

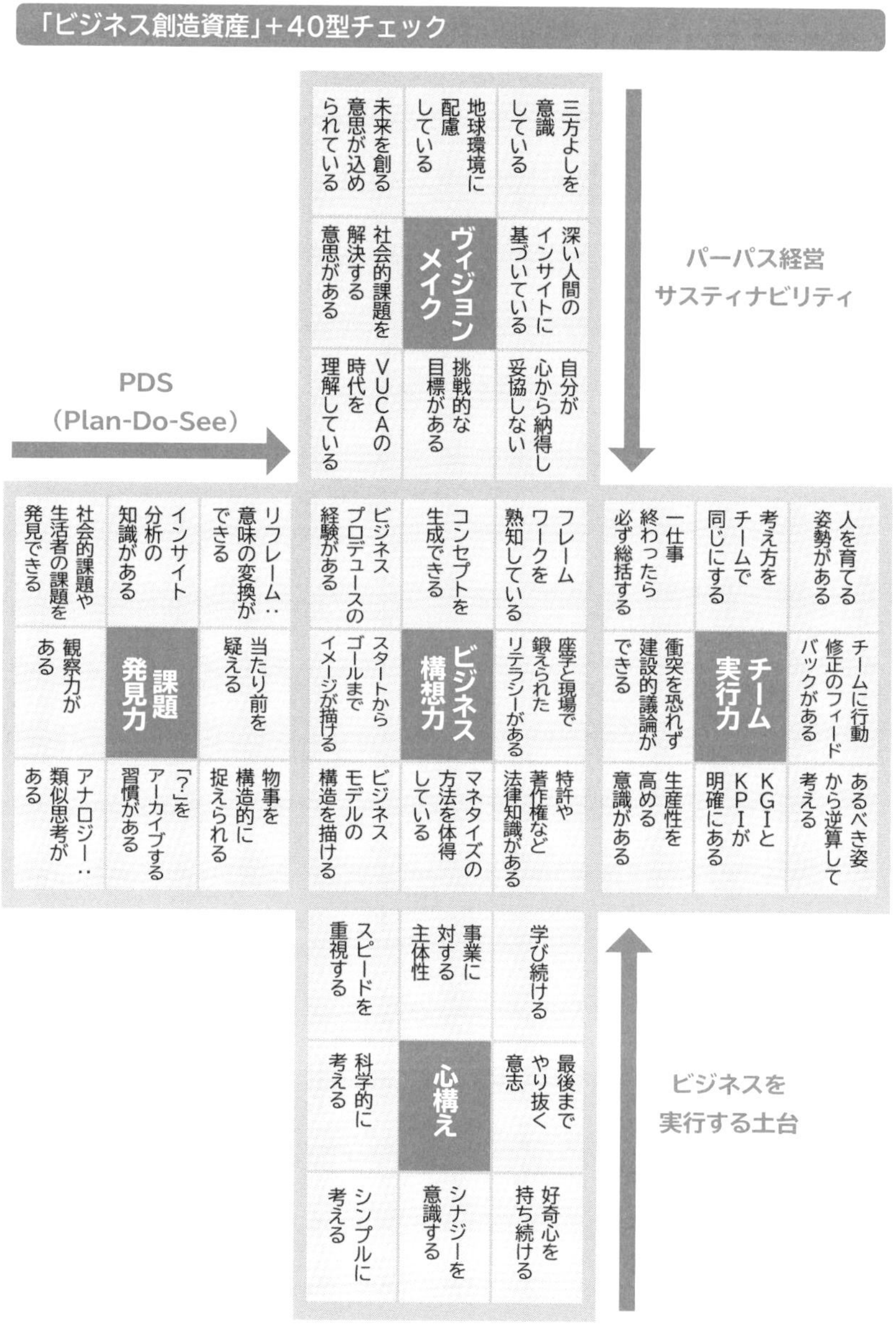
「ビジネス創造資産」+40型チェック
三方よしを意識している
地球環境に配慮している
未来を創る意思が込められている
深い人間のインサイトに基づいている
ヴィジョンメイク
社会的課題を解決する意思がある
自分が心から納得し妥協しない
挑戦的な目標がある
VUCAの時代を理解している
パーパス経営
サスティナビリティ
PDS
(Plan-Do-See)
リフレーム：意味の変換ができる
インサイト分析の知識がある
社会的課題や生活者の課題を発見できる
当たり前を疑える
課題発見力
観察力がある
物事を構造的に捉えられる
「?」をアーカイブする習慣がある
アナロジー：類似思考がある
フレームワークを熟知している
コンセプトを生成できる
ビジネスプロデュースの経験がある
座学と現場で鍛えられたリテラシーがある
ビジネス構想力
スタートからゴールまでイメージが描ける
特許や著作権など法律知識がある
マネタイズの方法を体得している
ビジネスモデルの構造を描ける
人を育てる姿勢がある
考え方をチームで同じにする
一仕事終わったら必ず総括する
チームに行動修正のフィードバックがある
チーム実行力
衝突を恐れず建設的議論ができる
あるべき姿から逆算して考える
KGIとKPIが明確にある
生産性を高める意識がある
学び続ける
事業に対する主体性
スピードを重視する
最後までやり抜く意志
心構え
科学的に考える
好奇心を持ち続ける
シナジーを意識する
シンプルに考える
ビジネスを実行する土台

平賀所長　そして、十字型の下の部分に「心構え」があります。これはまさにビジネスを行ううえですべての土台になる部分です。土台が揺らいでいると、ビジネスそのものを継続することもできませんからね。

秋山　わかります、わかります。確かに苦しいときに頑張れるかどうかは、心の持ちようですよね。

平賀所長　5つのビジネス創造資産に、それぞれ8つの項目があります。この一つひとつが、秋山さんのビジネス創造資産を測る具体的なスキルになるのです。説明は別の資料にまとめてあるので、そちらを参考にしながら、自分にその力が備わっているかどうかを一つずつ判断してください。「これは、まあまあできているな」と思う項目には丸をつけていってください。やり方はわかりましたね。

秋山　はい、丸をつければいいんですね。やってみます！

秋山は、わからない箇所を平賀所長に聞きながら、30分ほどで「ビジネス創造資産」のシートを完成させた。

秋山　はい、一応できました。

A-2 秋山和真（ワーク）記入例

「ビジネス創造資産」+40型チェック

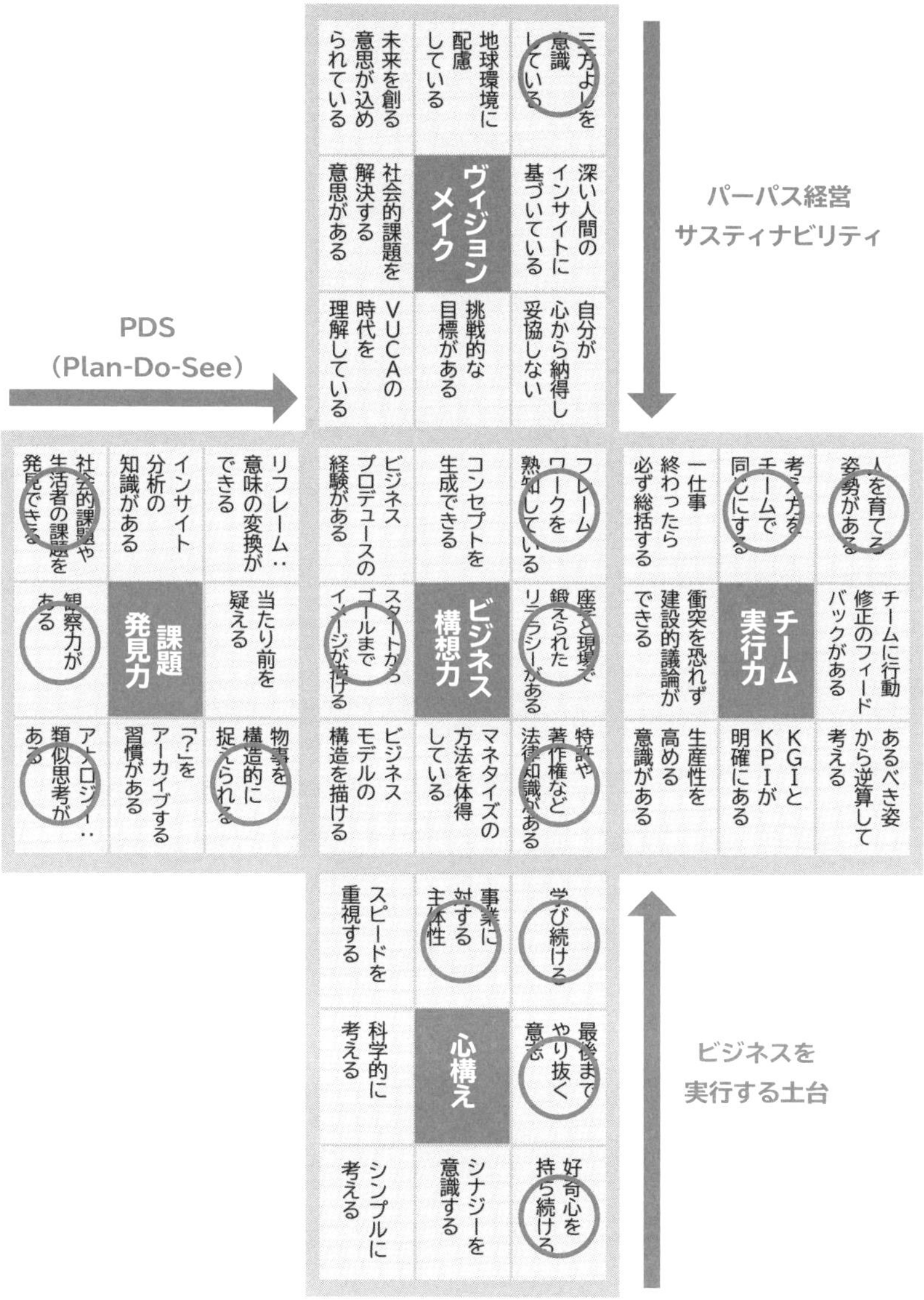
パーパス経営
サスティナビリティ
PDS
(Plan-Do-See)
ビジネスを
実行する土台
ヴィジョンメイク
三方よしを意識している
地球環境に配慮している
未来を創る意思が込められている
深い人間のインサイトに基づいている
社会的課題を解決する意思がある
自分が心から納得し妥協しない
挑戦的な目標がある
VUCAの時代を理解している
課題発見力
リフレーム：意味の変換ができる
インサイト分析の知識がある
社会的課題や生活者の課題を発見できる
当たり前を疑える
観察力がある
物事を構造的に捉えられる
「?」をアーカイブする習慣がある
アナロジー：類似思考がある
ビジネス構想力
フレームワークを熟知している
コンセプトを生成できる
ビジネスプロデュースの経験がある
座学と現場で鍛えられたリテラシーがある
スタートからゴールまでイメージが描ける
特許や著作権など法律知識がある
マネタイズの方法を体得している
ビジネスモデルの構造を描ける
チーム実行力
人を育てる姿勢がある
考え方をチームで同じにする
一仕事終わったら必ず総括する
チームに行動修正のフィードバックがある
衝突を恐れず建設的議論ができる
あるべき姿から逆算して考える
KGIとKPIが明確にある
生産性を高める意識がある
心構え
学び続ける
事業に対する主体性
スピードを重視する
最後までやり抜く意志
科学的に考える
好奇心を持ち続ける
シナジーを意識する
シンプルに考える

A-2 | 秋山和真 |（ワーク）記入例

A-2 | 本業における「ビジネス創造資産」の棚卸し

項目	該当数	保有しているビジネス創造資産の棚卸し
心構え	4/8	主体性、学び続ける、やり抜く意志、**好奇心**
ヴィジョンメイク	1/8	**三方よし**
課題発見力	4/8	社会課題発見、**観察力**、構造化、アナロジー思考
ビジネス構想力	4/8	スタートゴール、フレームワーク、座学・現場、**法律知識**
チーム実行力	2/8	**考え方がチームで同じ**、人を育てる姿勢
合計	15/40	**好奇心、三方よし、観察力、法律知識、考え方がチームで同じ**

| ビジネス創造資産をチェック

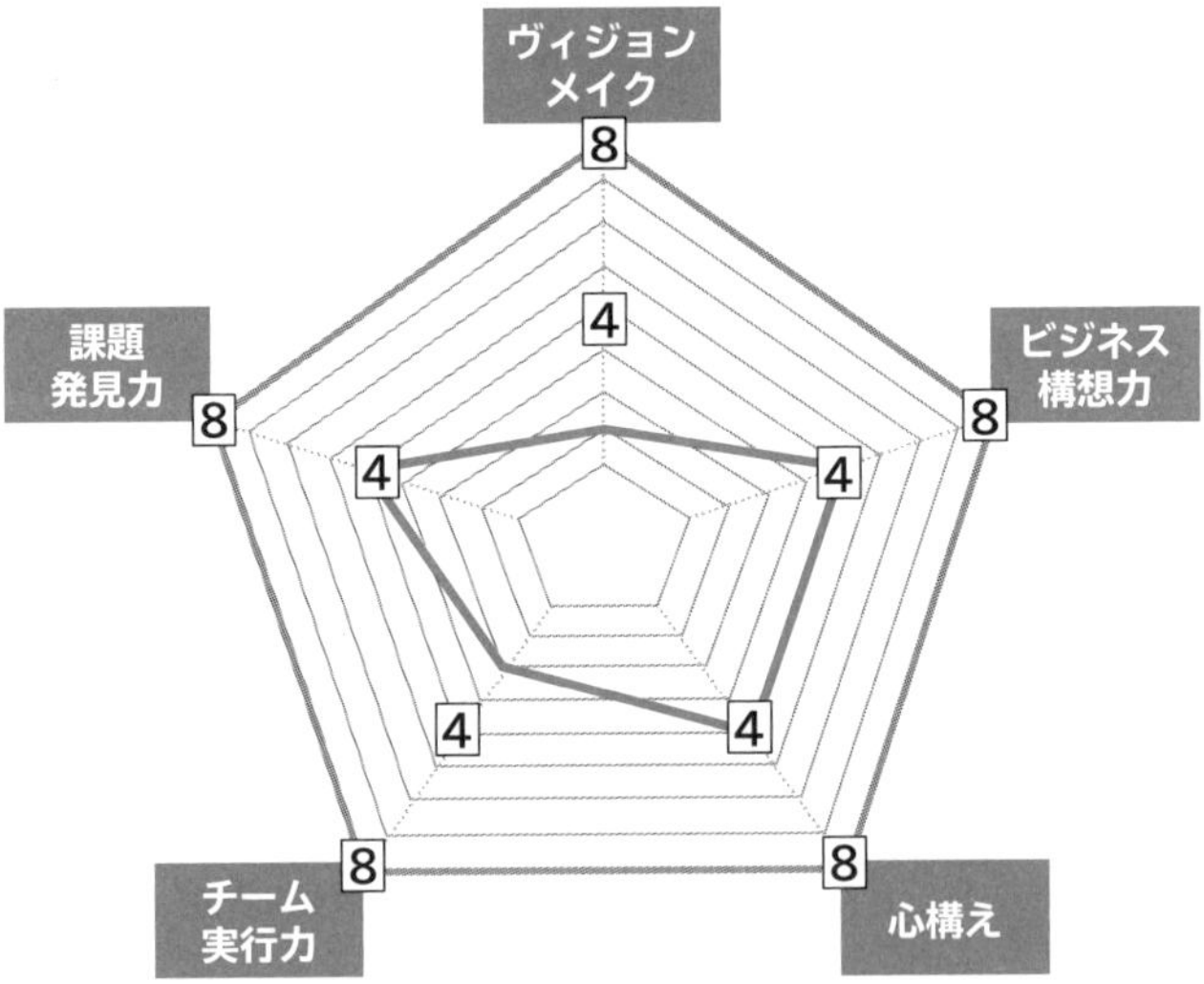

平賀所長　いいですね、実際にやってみてどうでしたか？

秋山　改めて一つずつ見ていくと、我ながらすごく偏りがあるなあというのが正直な感想です。とくに「ヴィジョンメイク」のボックスは一つしか丸がつきませんでした。あと、十字型の横の列は、思ったよりチーム実行力が少なくて、ちょっとがっかりしましたね。それに比べて課題発見力やビジネス構想力は思ったより丸がついた気がします。

平賀所長　なるほど、よく自分の特徴を捉えられていますね。まず、「ヴィジョンメイク」に丸が少ないのはなぜだと思いますか？

秋山　いやー、なんか地球環境とか社会課題とか、正直仕事するうえで考えたことがないです。

平賀所長　がっかりすることはないですよ！　実はサラリーマンの経験年数が長いほど、「ヴィジョンメイク」のボックスは丸がつきづらいんです。なぜかといえば、そもそも「考える機会が少ない」からです。大きな会社ほど分業が進むという話をしましたが、会社のヴィジョンを考えるのは経営層や事業部長レベルの仕事です。求められないので、そもそも考えることがない。ですから、丸がつかないのは当然のことなのです。

秋山　なるほど、そもそも経験がないってことですね。

平賀所長　ただ、自分で何かビジネスを立ち上げるとなると、その役割も自分でやらなくてはいけません。ですから、今後身につけていきたいスキルになりますね。

秋山　そうか、どんなビジョンでビジネスをやるのかを意識するタイミングが来るんですね。

平賀所長　自分がそのビジネスの舵を取るなら、それは避けて通れません。

そして、十字型の横3つのボックスですが、これは業務遂行能力全体になります。秋山さんは「課題発見力」と「ビジネス構想力」がほかのボックスに比べると多く丸がついていますよね。それは、秋山さんがこれまでのキャリアの中で、管理部門やスタッフ部門の経験が比較的長いことと関連していると思います。

秋山　なぜですか？

平賀所長　たとえば、秋山さんが最も長いのは経理部ですね。経理部というのは管理部門で、会社の計画に応じて、財務や会計面で計画立案をする部署ですよね。課題発見や計画立案が、部署の役割そのものなので、その部署の経験が長い秋山さんのキャリア資産が「課題発見力」や「ビジネス構想力」に偏るのは当然のことなのですよ。

一方、営業の経験が長い人は「チーム実行力」が高いことが多い。上から降りてきた売上目標を営業部のメンバーで達成していく、つまり実行することが役割だからです。逆に市場分析から課題を発見したり、事業計画を立てたりする機会が少ないので、左側と真ん中のボックスの丸が少なかったりします。

秋山　あー、面白いですね。これまでの業務や部署の経験によってビジネス創造資産の内容も変わってくるんですね。

平賀所長　起業して個人でビジネスをしている人だと、何でも自分でやらないといけないので、ヴィジョンメイクにたくさん丸がついたりします。

秋山　へえー、ちゃんとこれまでの経験が「＋40型チェック」には表れるんですね。

平賀所長　経験は裏切らない、ということですね。

どうでしょう、ビジネス創造資産全体を見渡して、自分に足りないキャリア資産と、逆にちゃんと蓄積されているキャリア資産がよくわかるでしょう。言い換えれば、**「自分は何のキャリア資産を蓄積していかなければいけないか？」**という課題もしっかり見出せたと思います。

秋山　本当ですね。私はもっとチーム実行力を身につけないといけないし、ヴィジョンメイクの視点も持たなければと感じました。

平賀所長 自分のことを客観的に見ることができていて、とてもいいですね。普通は難しいことなんですよ。ここで会社を見る視点を百八十度転換してみましょう。

会社の意味を捉え直す

平賀所長 ここでぜひ考えてほしいことがあります。会社を改めて見つめ直してください。これまで、会社での目標は、ワークキャリアの考え方だと昇進や昇給だったと思います。

秋山 そうです。昇進も昇給も限界が見えて、これ以上、上がることがないと思ったら、ぶっちゃけ仕事に対するモチベーションは低下しました。

平賀所長 わかりますよ。先が見えるとやる気が下がるのも当然です。ただ、ここからはライフキャリアの視点で考えてみてください。いちばん大事なことは「ビジネス創造資産を蓄積すること」でしたよね。そこから、「この会社では、自分に足りないビジネス創造資産が得られるかどうか?」という基準で、会社全体をもう一度見渡してほしいのです。

秋山さんの会社はどうですか? もう獲得できる資産はないですか? いかがで

しょう。

秋山 確かに、自分の部署だけじゃなく、ほかの部署や、もっと言うと他事業部まで入れると、ありとあらゆる資産がありますね。伊達に大企業じゃないので。

平賀所長 秋山さんの会社には、まだまだビジネス創造資産を蓄積できるチャンスがたくさんあると思いますよ。そして、その会社の人員、リソースや設備やシステムなどは、会社の外からは決してアクセスできない「宝の山」だと思います。
　長い間会社にいると、その環境が当たり前になって、目の前にある宝が見えなくなってしまうんです。「灯台下暗し」とは、まさにこのことです。一度会社から出ると、今当たり前だと思っているものは当たり前ではなくなります。研修一つとっても、会社の外に出ればタダでは受けられません。普通は何十万円もするような研修を、会社が皆さんの成長のために用意してくれているんです。

秋山 そうやってはっきり言葉にして聞くと、ありがたいことなんだなあ、と素直に感じますね。本当は贅沢な環境に置いてくれているのに、今までまったく気づいていませんでした。研修とか、逆に「面倒くさい」と思っていましたから。

平賀所長 会社を辞めて初めて気づいた、なんて話はよく聞きます。だからこそ、いい会社にいるうちに、ビジネス創造資産を貯められるだけ貯めて、ライフキャリアの資産を増やしていくことが今、まさしく秋山さんに必要なことなんです。

秋山 先日、「早期退職制度」が発表になって、そろそろこの会社は潮時かな……なんて思っていましたが、全然違いました。まだまだ会社から吸収することはたくさんあるし、逆に、ほかの人に自分のビジネス創造資産を与えることもできると考えると、もっと周囲の役に立てることがあるかもしれません。

平賀所長 その通りですよ。会社の捉え方が変われば、明日からの仕事に〝新しい意味〟が出てきませんか。

秋山 本当です。なんだか早く会社に行きたくなりました！　やっぱり私は現金だな。（笑）

平賀所長 昨日までと同じ仕事のはずなのに、会社の見え方が全然違ってきますよね。そのモチベーションを維持して、会社をいい意味で使い倒してください。

今日の講義はここまでです。来週は、プライベート領域のライフキャリアを描いていきましょう。

秋山 いやあ、面白かった。次回も楽しみです。ありがとうございました。

会社のリストラ情報に不安な気持ちでやって来た秋山だったが、会社や仕事に対するモチベーションを大きく向上させ、意気揚々と研究所を後にするのだった。

解説

ライフキャリアから会社の意味を見直す

物事を観察する際に、どの視点から見るかによって、その対象の理解が変わります。**一つの思考の枠組みに固執せず、異なる視点を取り入れて対象を見ると、まったく新しい意味が浮かび上がります。これが「リフレーミング」の効果です。**

主人公の秋山は、ストーリーの中で、会社という対象をリフレーミングしていきました。これまで固定されていた「ワークキャリア」の眼鏡から、新たに「ライフキャリア」の眼鏡にかけ替えて会社を見渡すと、これまでとは違う景色が見えてきます。

ライフキャリアで重要なのは、自分で小さな事業を生み出せる「ビジネス創造資産」をどれだけ保有しているかです。ライフキャリアの視点で捉えると、会社という場は、ビジネス創造資産を蓄える場にほかなりません。ライフキャリアの眼鏡をかけて会社を見渡せば、そこは社内政治や出世競争の場ではなく、自分の将来に必要な資産がどこにあるのかを発見し、戦略的に獲得していく、新たな冒険の場に見えてくるでしょう。

第1章で見たように、キャリアという概念は、昭和の時代は社内政治・社内競争とイコールでした。平成でキャリアに対する概念は多様化し、令和に入ると、従来の「仕事＝キャリア」という前提が人の長寿化によってすっかり崩れ、「個人の人生＝キャリア」という、より長期的な視点でキャリアのリデザインが求められるように変化してきました。

重要なのは、ワークキャリアの視点で会社を捉えている人と、ライフキャリアの視点で会社を捉えている人とで、キャリアの意味がまったく異なってくることです。

下の表に、ワークキャリアとライフキャリアの視座がどう違うのかを改めてまとめました。

ワークキャリアとライフキャリアの視座の違い

視座	ワークキャリア	ライフキャリア
人生の長さ	人生80年	人生100年
モチベーション	昇進・昇給	幸福な時間
主体	会社	自分
価値源泉	会社のブランドと売上実績	小さな事業を生み出せる能力
仕事に対する意識	予算達成	予算達成と 戦略的無形資産形成
時間軸	短期的	長期的
会社の捉え方	予算と権限を得て、 影響力保持	ビジネス創造資産を 蓄積する場
退職後の収入	年金＋退職金	年金＋退職金＋事業収益
無形資産の種類	生産性資産メイン	生産性資産＋変身資産
象徴的な時代	昭和・平成	令和
評価	相対評価	絶対評価

ワークキャリアの視点は会社が主軸で、与えられた仕事をし、どう成果に結びつけるかに集中しますから、昭和型キャリアのように社内に目が向きがちになってしまいます。真面目な社員ほど、この視点に傾倒しやすいかもしれません。

しかし私は、ワークキャリアの視座を否定しません。むしろ、20代や30代の若い世代は、ワークキャリアを重視して積極的に取り組み、多くの生産性資産を蓄積する時期だと考えています。

重要なのは、退職までずっとワークキャリアに執着してはいけないということです。

私たちはすでに長寿化の時代、人生１００年時代に突入しています。「会社を退社した後」の人生がかなり延びてしまった現実があります。ですから、若いうちはワークキャリアに焦点を当て、だんだんとライフキャリアの視点を増やし、50代や60代になる頃には、次のステージの準備に重点を置くのが理想で

｜ワークキャリアとライフキャリアの意識バランス

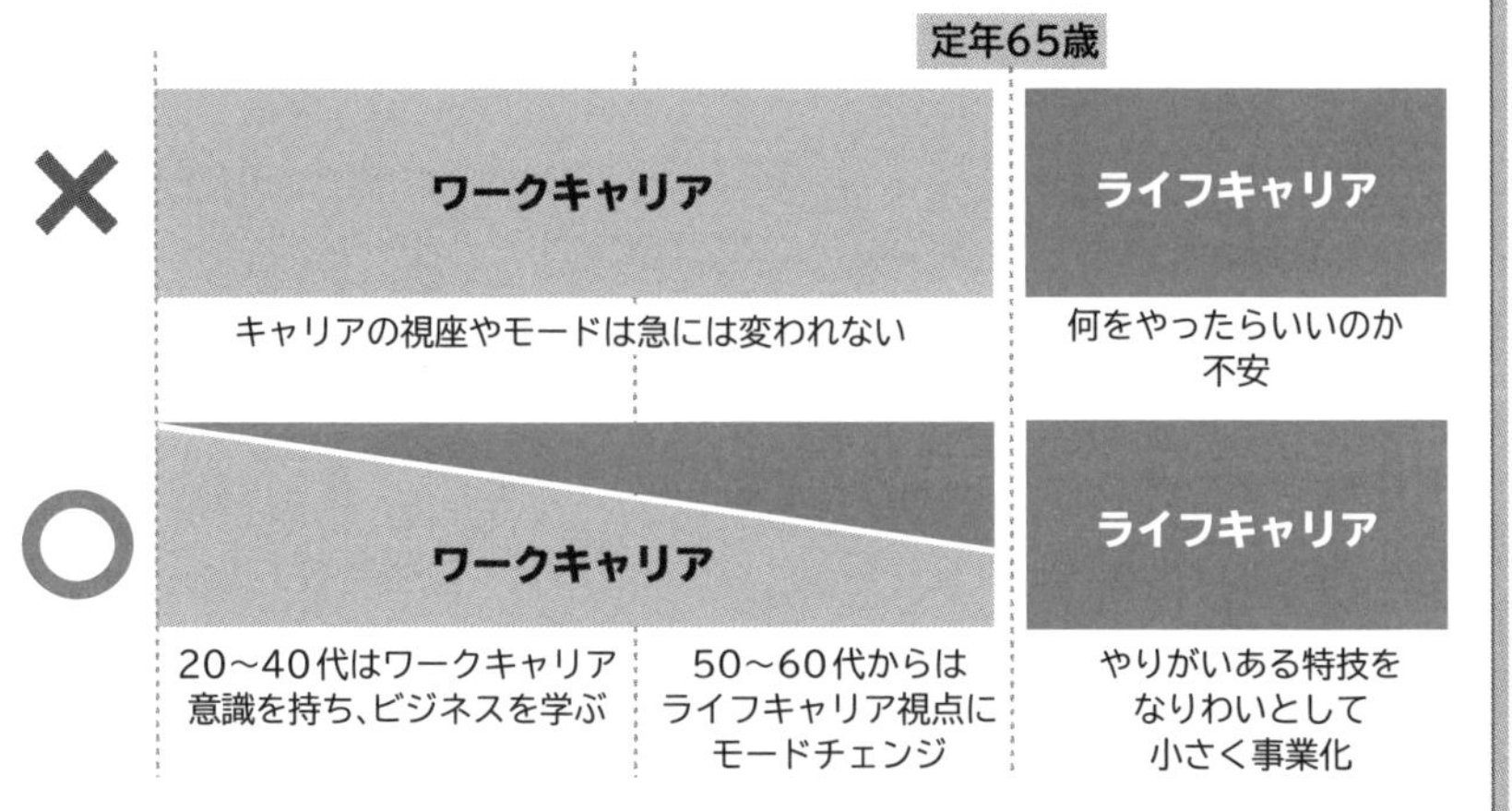
定年65歳
×
ワークキャリア
ライフキャリア
キャリアの視座やモードは急には変われない
何をやったらいいのか不安
○
ワークキャリア
ライフキャリア
20～40代はワークキャリア意識を持ち、ビジネスを学ぶ
50～60代からはライフキャリア視点にモードチェンジ
やりがいある特技をなりわいとして小さく事業化

す。

ちなみに、アメリカのダートマス大学のデービッド・ブランチフラワー教授が行った分析によると、ヨーロッパ、アジア、北アメリカ、南アメリカ、オーストラリア、マレーシアおよびアフリカなどの世界145カ国において、幸福度と年齢の関係がU字型になり、幸福度が最も低くなる年齢の平均値は48・3歳だそうです。このデータからも、どうやら50歳がライフキャリアへのモードチェンジ時期と考えていいと思えます。

右の図のように、ワークキャリアとライフキャリアの意識バランスを保ちながら、徐々に比率を変えていくようにしましょう。

ビジネスマンの本物の実力：ビジネス創造資産の数量

ところで、この本では、「ビジネス創造資産」という言葉がたびたび出てきます。これは、簡単にいってしまえば「稼ぐ力」のことです。以下、ライフキャリアにおけるビジネス創造資産とは何か、詳しく解説していきます。

私たちが重要だと考えるビジネス創造資産は、事業を考えて、自ら組み立てて、実行できるもの。その中にさらに、次の5つの資産が含まれている必要があると考えています。

①課題発見力
②ビジネス構想力
③チーム実行力
④ヴィジョンメイク
⑤心構え

ビジネス創造資産を構成するこれら5つの資産は、8つのスキルや能力、経験値、習慣などに支えられています。これらの資産がどれくらい貯まっているか、また、どこに強みがあり、どこが弱いのか。巻末でさらに詳しく解説していますので、あなたがこれまでの仕事で蓄えてきた「ビジネス創造資産」のレベルがどれほどか、チェックしてみましょう。

会社の看板に頼ることなく、個人でビジネス創造資産を蓄え、ビジネスを生み出せる力があって初めて、ビジネスマンとして「本物の実力」が備わっているといえるでしょう。このチェックリストで自分の弱点を見極めて、どの要素を補っていけばいいかを分析し、今後、勤めている会社をどう活用していくべきかを考えるきっかけにしてください。

ライフキャリアが突きつける課題は、「退職後、少なくとも20年くらいは自分で稼ぐ力を持たないと危ない」ということです。

退職後に新しい職を見つけるのも難しい時代です。このような状況を考えると、最も迅速で**確実な解決策は、小規模でも自分自身で事業を起こし、ビジネス収益を生み出すスキルを身に**

ビジネス創造資産をチェック

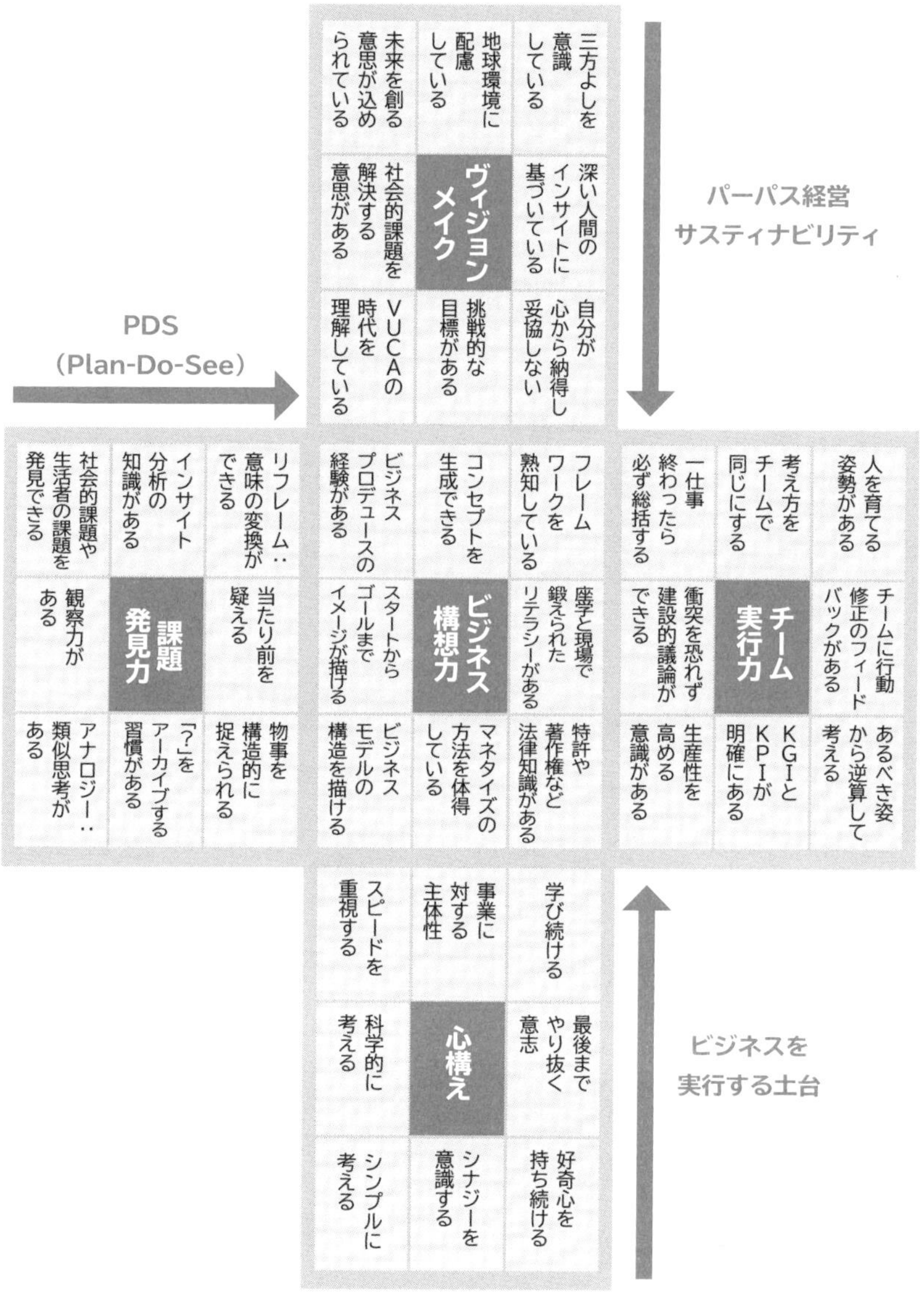
パーパス経営
サスティナビリティ
PDS
(Plan-Do-See)
ビジネスを
実行する土台
三方よしを意識している
地球環境に配慮している
未来を創る意思が込められている
深い人間のインサイトに基づいている
ヴィジョンメイク
社会的課題を解決する意思がある
自分が心から納得し妥協しない
挑戦的な目標がある
VUCAの時代を理解している
リフレーム：意味の変換ができる
インサイト分析の知識がある
社会的課題や生活者の課題を発見できる
当たり前を疑える
課題発見力
観察力がある
物事を構造的に捉えられる
「？」をアーカイブする習慣がある
アナロジー：類似思考がある
フレームワークを熟知している
コンセプトを生成できる
ビジネスプロデュースの経験がある
座学と現場で鍛えられたリテラシーがある
ビジネス構想力
スタートからゴールまでイメージが描ける
特許や著作権など法律知識がある
マネタイズの方法を体得している
ビジネスモデルの構造を描ける
人を育てる姿勢がある
考え方をチームで同じにする
一仕事終わったら必ず総括する
チームに行動修正のフィードバックがある
チーム実行力
衝突を恐れず建設的議論ができる
あるべき姿から逆算して考える
KGIとKPIが明確にある
生産性を高める意識がある
学び続ける
事業に対する主体性
スピードを重視する
最後までやり抜く意志
心構え
科学的に考える
好奇心を持ち続ける
シナジーを意識する
シンプルに考える

つけておくことです。

会社員時代は特定の業務を担当し、チームで協力していることが一般的ですが、退職後は基本的には一人であらゆることに対処しなければなりません。今のうちから、未来を見据《みす》えて自ら事業のアイデアを練り、実現できるような準備が必要です。

具体的には、会社にいるうちに自己起業のスキルを身につけ、自らビジネスを生み出す力を養うことが求められます。

起業家マインドで会社をフル活用しよう：ビジネス創造資産の吸収モードへ

ワークキャリアのみの意識から、徐々にライフキャリアの視座を持ち、第2の人生の準備を始めましょう。そのためには、**会社は昇進・昇給の競争の場であるという意識から、自分のこれからの人生に役立つ資産を蓄える場であるという意識に切り替える必要があります。そして、自分で小さな事業が生み出せるようになるために、今の会社や仕事から何が吸収できるのかを客観的に分析してみましょう。**

その準備運動として、会社にいながら「起業家マインド」で仕事に向き合う必要があります。まだ会社にいるうちに起業家マインドを鍛えるために、次のような行動へ、一歩踏み出してみましょう。

①会社内の新規事業アイデア・コンペにチャレンジ

最近、社員から新しい事業アイデアを募る会社が増えてきました。こういった会社内でのチャンスを大いに活かして、将来小さな事業を自分で起こす練習をしてみることです。もし、うまくいけば、会社がヒト・モノ・カネを投資してくれるかもしれません。

②会社の新規事業のメンバーに立候補する

社内で新規事業の部門があれば、期末の人事面談で上長に相談し、思い切って〝社内転職〟してみるのもライフキャリアの訓練になるでしょう。新規事業に必要な知識を実践で身につけることができれば、退職後の個人事業で活かすことができます。

③社外のスタートアップで事業共創にチャレンジ

会社内に新規事業を経験するチャンスがなくても、今はインターネット上に社外のスタートアップが事業共創するプロジェクトの公募情報がたくさん掲載されています。こういったプロジェクトに参加して、事業立案の一仕事を経験しておくことも、ライフキャリアの戦略的な準備になります。

④社内の研修システムをフル活用する

社内の研修システムを再度見てみましょう。今はオンラインで学び放題の仕組みもあります。もし、社内制度で研修が充実していれば、先に行ったビジネス創造資産で足りないところを補うようにしましょう。

⑤社内の専門部署の人たちとつながる

ビジネス創造資産で自分に不足している領域がわかれば、プロの意見を聞くのがいちばん早いです。社内の専門部署を見渡して、どう学ぶのか、どう経験するのか、ランチでもとりながら聞いてみることから始めるのもいいでしょう。

第4章

再認

ライフキャリアの
秘めたる宝

LIFE CAREER

思いがけない依頼

ライフキャリア研究所での3回目の講義が終わった後に、秋山は久々にビジネス書勉強会に参加した。いつ参加しても、ここは、ふだん接点のない幅広い業界の人たちとの出会いがある。話を聞いているだけで、新しい発見があって刺激になる。
秋山が、参加者と歓談しながら楽しく過ごしていると、会社の元同期で、この会の主催者である野口から話し掛けられた。

野口　秋山、相談があるんだけど、ちょっといいかな？

秋山　もちろん。何かあった？

野口　お陰様でこのビジネス書勉強会も参加者が増えてきて、実は、次の展開に活動を広げようと思っているんだ。参加者からのニーズが高い、実践的なビジネス研修事業のようなものを立ち上げようと考えている。ちゃんと授業料をいただいて、その代わり仕事に直結するような価値のある研修をするつもりだ。

秋山　ビジネス研修事業だって？　それはすごいな。

野口　ありがとう。そこでさっそく相談なんだけど、財務・会計の講座の講師を秋山にお願いしたいんだ。どうかな？

秋山　えっ、僕が先生？　ビジネス研修の？　いやいや、無理だよ。

野口　杉田さんから聞いたよ。彼の会社の社員に財務と会計の講義をして、すごい評判みたいじゃないか。社員の成績が上がったらしくて、杉田さん、絶賛していたよ。その腕を買って、ぜひお願いしたいんだよね。

秋山　いやいや、講義といっても、杉田さんの会社のことはもともとある程度知っていたし、若手社員に財務と会計の簡単な基礎勉強会をやっただけだよ。ちゃんとしたビジネス研修の先生なんて、とても無理だって。

野口　そんなことないって。秋山は、自分が思っている以上に教える素質があると思うんだけどなあ。今すぐ決めなくてもいいから、まあ考えておいてよ。

秋山　やれやれ、なんだかたいへんなことになってきたぞ。

主催者は忙しい。野口は、ほかの人から声をかけられると、秋山を置いてどこかへ行ってしまった。

プライベート領域の重要性

秋山は、ライフキャリア研究所の4回目の講義を受けに新橋の白いビルに向かっていた。年の瀬の東京は、きらびやかなイルミネーションで輝き、街全体が洗練された魅力に包まれている。クリスマスツリーがショッピングモールや大手デパートを飾り立て、街に彩《いろど》りを加えている。

人々は、年末の忙しさに追われつつも、おしゃれな街並みや季節の風情に心惹《ひ》かれ、ショッピングをしたり、カフェでリラックスしたりしている。年の瀬の街は、なんだか慌ただしいが、研究所はいつもと変わらず落ち着いた雰囲気だ。

平賀所長　こんにちは、秋山さん。お元気そうですね。今日は前回の続きですね。キャリア・ビルディング・ブロック（CBB）の右側の部分、プライベート領域について、「ライフキャリア」を描いていきたいと思います。

秋山　待ってました！

平賀所長　まず、プライベート領域の特徴について話したいと思います。前回のおさらいですが、ビジネス領域だけのキャリアを何と呼んでいたか覚えていますか？

秋山　なんだっけ。あっ、その名の通り「ワークキャリア」でしたね。

平賀所長　そう。よく覚えていましたね。ビジネス領域だけの一本道が「ワークキャリア」。そして、ビジネス領域だけではなく、「プライベート領域」まで含めたキャリアを何と呼んでいましたか？

秋山　人生全体だから……「ライフキャリア」ですよね！

平賀所長　ご名答。そうです、「ライフキャリア」です。つまり「プライベート領域」まで考えることによって、「ワークキャリア」から「ライフキャリア」にバージョンアップする。

　プライベート領域の特徴としては、ビジネス領域に比べて、その人の独自性、希少性が表されることが多いです。そして「自己決定」レベルが高いので、幸福度も高くなります。ですから、うまく「ビジネス領域」と「プライベート領域」のバランスをとることによって、モチベーションのコントロールができるようになります。これを私は**「やる気の分散投資」**と呼んでいます。

秋山　それは面白いですね。確かに、仕事で失敗しても、プライベートで楽しいことがあればやる気も維持できますからね。

平賀所長　「ライフキャリア」を考えるうえで、このプライベート領域はとても大事なパートです。プライベート領域のデザインが「ライフキャリア」の成否を決めるといっても過言ではありません。

それでは、まずは学び・趣味（自己投資）の棚卸しから始めていきましょう。

ワーク：学びと趣味の棚卸し

平賀所長　次のスライドを見てください。今から学びと趣味を分けて、それぞれ棚卸しをしていきます。まず左側の部分です。本業に関わる学びの自己投資です。直接的に仕事に必要な知識の習得や資格、あるいは、今は業務上直接の必要性がなくても、将来仕事で役立つと思って勉強したりするものです。

秋山さんには、どんなものがありますでしょうか。

秋山　仕事に関連した資格だと、建設業経理事務士の資格は1級を持っています。建設業の会計に必要な知識が身につくものです。あと宅地建物取引士の資格も持っています。いわゆる宅建ですね。

| B-1 | プライベートにおける学び・趣味（自己投資）の棚卸し

B-1 | プライベートにおける学び・趣味（自己投資）の棚卸し

Q：本業に関連する学びに関して、自己投資しているものがあれば、以下に書き込んでみましょう。

Q：完全に趣味で、自己投資して楽しんでいるものがあれば、以下に書き込んでみましょう。あるいは、学生時代に得意だったものも書いてみましょう。

平賀所長　おっ、すごいですね。ほかに将来を見据《みす》えて自発的に学んでいるものはありますか？

秋山　英会話とかも入りますか？　最近ちょっとだけ勉強しています。あと財務や会計に関する書籍は人より読んでいると思います。とはいえ、そんなところです。

平賀所長　十分です。むしろ、勉強熱心で感心しました。
それでは、今度は右側の本業に関わらない趣味の自己投資です。これは何かに役立つとかではなく、純粋に好きでやっていること、趣味で昔から続けているものなどです。こちらはどんなものが思い浮かびますか？

秋山　前も少し話しましたが、サッカーはずっと好きで、今はほとんどフットサルですが、学生の頃から続けています。あとは定期的にジョギングもしています。映画を観るのも好きですね。将棋はなんだかんだと小学生の頃から続いていますね。

平賀所長　会社の業務とは別に、ほかに何か仕事に近い活動はないですか？

秋山　あっ、実は先日、知り合いの社長から頼まれて、若手社員向けに会計や財務の勉強会をやりました。

｜B-1｜秋山和真｜（ワーク）記入例

B-1｜プライベートにおける学び・趣味（自己投資）の棚卸し

Q：本業に関連する学びに関して、自己投資しているものがあれば、以下に書き込んでみましょう。

- 英会話（少し）
- 建設業経理事務士１級
- 宅地建物取引士
- 読書（ビジネス書、主に会計・財務）

Q：完全に趣味で、自己投資して楽しんでいるものがあれば、以下に書き込んでみましょう。あるいは、学生時代に得意だったものも書いてみましょう。

- サッカー、フットサル　●ジョギング
- 映画鑑賞　●将棋
- 教えること
（塾講師や若手向けの会計・財務勉強会）

平賀所長　おおっ、それはいいですね。

秋山　はい、頼まれてやっただけですが。でも、人に教えるのは嫌いじゃないので。

平賀所長　それは大事な資産ですよ。今ちょっとお話ししただけでも、たくさん出てきました。それではシートを使って記入していきましょう。

そこから秋山は、平賀との会話を参考にしながら15分ほどでワークシートを完成させた。

平賀所長　いいですね。学びの自己投資も、趣味の自己投資もちゃんと棚卸しができました。

秋山　こうやってプライベートな活動を文字にしたのは初めてです。

平賀所長　書いてみることで初めてわかることがあります。秋山さんは、人生においてとても充実した活動をされてきていますね。

それでは、次はプライベート領域の創造レベル、「特技」について考えていきましょう。

ワーク：特技で教室を開くとしたら

平賀所長　プライベート領域の創造レベルである「特技」についてワークをしていきます。創造レベルなので、「自分で考え、自分で決めて、自分で創り出す」ものです。プライベート領域なので、仕事との違いは「自分の好きなことで、価値あるものを生み出す」という点です。
　ところで秋山さん、趣味や特技って、仕事とは違って「単なる休みの日の暇潰し」というイメージがありませんか？

秋山　そうですね、パチンコとか、ゴルフとか。ゴルフの腕が上がったところで、その人にとっては特技かもしれませんが、趣味の範疇《はんちゅう》を出ないんじゃないかなあ、というのが偽らざるところです。

平賀所長　私たちの年代だと、その感覚が普通ですよ。ただ、昨今は状況が大きく変わってきています。YouTuberやインフルエンサーに代表されるように、「自分の好きなこと」をビジネスにしている人が出てきていますよね。私たちが知らないだけで、有名人じゃなくても、特技を活かした小さなビジネスをしている人がたくさんいます。

秋山　そう聞きますが、自分の周りにはそういう人がまだいなくて、あまり想像がつかないですね……。

平賀所長　気づかないうちに時代は大きく変化しています。最大の理由はテクノロジーの進化です。たとえば、かつては映像を使った番組を作ることは、専用のスタジオ設備を持ったテレビ局のような大きな企業しかできませんでした。それが今ではスマートフォン1台あれば、誰でも、いつでもどこでも、ほとんど無料で番組制作ができてしまいます。

秋山　確かにそうですね。すっかり便利なツールが増えました。

平賀所長　得意な分野を持っている人たちは、その知識やスキルを番組や映像、書籍といった形にして、どんどんビジネス化しています。私が知っている人の中には、脱サラして、今はネットを活用して木彫り教室の運営と作品販売で生計を立てている人までいます。

秋山　えぇーっ、木彫りですか⁉　全然想像がつきません。

平賀所長　別に著名人ではなくても、秋山さんと同じような普通のサラリーマンの人がすでに特技を活かした小さなビジネスを実践しているのです。ですから、先入観を持たずに、秋山さんも考えてみましょう。

秋山　わかりました。とても勇気づけられます。頑張って考えたいです。

平賀所長　それでは、特技を考えていきたいと思います。先ほど棚卸しを行った投資レベルの「学び・趣味」の中から、秋山さんの特技の種になるものを探していきましょうか。秋山さんの学び・趣味の中で特技になるようなものって、真っ先に何が思い浮かびますか？　人に教えられるようなものです。

秋山　いやー、パッと思い浮かばないですね。ましてや人からお金をもらって教えられるようなものは……とくにないです。

平賀所長　いやいや、さっき、若手社員向けに財務・会計の勉強会をされているとお話しされていましたよね？

秋山　あれは、お願いされて新人に基礎の基礎を教えただけなんです。勉強会なんてそんなたいそうなものではなくて……。自分なんて、たいしたことないですよ。財務や会計の知識、実務の実績では、世の中にはもっとすごい人がいくらでもいますから。

平賀所長　秋山さん、それは違いますよ。ここで言う特技とは、**「自分よりもできない人に教えられること」**です。でないと、世の中でトップの一人以外、誰も特技はないことになってしまいます。どうですか、秋山さんにも何かできますよね？

秋山　確かに、自分よりもできない人に教えることでいいなら、できますね。というか、もうやっていますね。（笑）

平賀所長　秋山さんの能力には、人に負けない素晴らしいものがたくさんあると思います。あまり自分を卑下《ひげ》しないでください。
　ちなみに私は、このライフキャリア研修をこれまで１０００人以上の人に受けてもらいましたが、特技が見つからなかった人は誰一人いません。だから秋山さん、もっと自信を持って。

そう言いながら、平賀は新しいワークシートのスライドをディスプレイに映し出した。

平賀所長　それでは、特技を考えるうえで、考えやすくするためにもう一つワークをしてもらいます。通称「教室ワーク」です。
　先ほど話したように、秋山さんが得意なもので、自分よりもできない人に教える教室を開くとします。

B-2 | プライベートにおける特技（自立資産）の顕在化

B-2 | プライベートにおける特技（自立資産）の顕在化

教室

Q: どのような内容を教えますか？

Q: この教室の受講者はどういう方を想定していますか？

Q: どのような方針で教室を運営しますか？

Q: この教室をよりよくするためにどんなことをすべきですか？

Q: この教室を開く意味は？

秋山　教室ですか。なんだか一気に先生になったみたいだな。

もともと先生になりたかった秋山の心は、教室ワークという言葉にプルッと反応した。

平賀所長　そうですよ、まさしく秋山先生です。まだ架空のもので構いません。想像してみてください。それはどんな教室でしょうか？　さらに具体的にイメージしてもらうために、このシートにある5つの質問に答えてみてください。すべての欄を埋めたとき、秋山さんが開く理想の教室ができあがります。

それでは、やってみましょう！

秋山　わかりました。架空の教室か。なんだか楽しそうです。

秋山は、ところどころ質問をしながら、20分ほどで「教室ワーク」のワークシートを完成させた。

平賀所長　どうです、秋山先生はどんな教室を作りましたか？　教えてください。

秋山　えっと、「数字が苦手なサラリーマンのための会計・財務の基礎知識教室」にしました。やはり私のいちばんの強みは会計・財務だなと。

B-2 ｜秋山和真｜（ワーク）記入例

B-2 ｜プライベートにおける特技（自立資産）の顕在化

数字が苦手なサラリーマンのための会計・財務の基礎知識 教室

Q：どのような内容を教えますか？

サラリーマンとして最低限必要な会計・財務の基礎知識

Q：この教室の受講者はどういう方を想定していますか？

数字が苦手で、会計や財務の基礎知識を学ぶ機会が少ないサラリーマン

Q：どのような方針で教室を運営しますか？

まったく会計・財務の基礎知識がなく、数字に苦手意識がある人でも楽しく理解できる

Q：この教室をよりよくするためにどんなことをすべきですか？

身近な話題にたとえたり、視覚的に理解できるように図を用いたりして、「わかりやすさ」を第一とする

Q：この教室を開く意味は？

受講したサラリーマンが会計・財務の基礎知識を習得することで苦手意識をなくして、個人の業績向上につなげること

平賀所長　なるほど、必要な人がたくさんいそうな気がします。私も正直、お金儲けや会計は苦手ですから、受けてみたいくらいです。
　具体的に5つの質問に答えてみてどうでした？

秋山　どんどんイメージが膨《ふく》らんできて本気でやりたくなりました。会計や数字が苦手なサラリーマンが、教室で学んで会社の数字について理解できるようになり、喜んでいる姿が目に浮かびます。

平賀所長　それはいいですね。人気教室になること請け合いですね。

秋山　考えてみるだけでもすごく楽しいですね。実は私、昔から「人に教えること」がすごく好きだったんです。今の仕事ではなかなかそんな機会もなくて、半分あきらめていたのですが、なんだかやれるような気がしてきました！

平賀所長　秋山さん、立派な特技が出てきたじゃないですか。ぜひそれを形にしましょう！

秋山　ワクワクします。これがプライベート領域の好きなことをやる効果ですね。

幸福感を醸成する特技の重要性

平賀所長 今日の講義では、プライベート領域の「趣味・学び」の棚卸しを行い、架空の教室ワークで「特技」について考えてもらいました。ここで、「ライフキャリア」を描く最終的な目的である「幸福」と「特技」の関係性について、もう少し詳しくお話ししておきます。

「自己決定」が「幸福度」と強い関係があるとお話ししたことは覚えていますか？

秋山 はい、「自己決定」が所得や学歴よりも幸福への影響度が高いという話ですね。覚えています。聞いたときのインパクトが大きかったので。

平賀所長 「特技」はCBBの中で最も「自己決定」要素の高いブロックです。なにしろ「特技」は自分が好きでずっとやってきたことが、人に教えられるレベルにまで成長したものですから。これ以上の充実感と幸福感の源はないと思いませんか。

秋山 「好きこそ物の上手なれ」とはまさにこのことですね。

平賀所長 ところで私は最近、幸せに人生を送るという観点で、いわゆるオタクの人がある種のゴールだと思っているんです。

秋山　オタクの人ですか？

平賀所長　そうです、オタクの人です。ただし、オタクでも消費型資本主義に取り込まれていないオタクという点が重要です。この講義でいえば、創造レベルのアウトプットが生み出せるオタクです。

好きな何かに打ち込み、夢中になって、何かを生み出している人って、本当にかっこいいですよね。周りから見ていても、幸せそうに見えます。会社での仕事のように、周りの目を気にする必要もなければ、誰かと比較することもない。見返りや報酬がほしいからといった理由ではなく、シンプルに「好きだからやる」。ほかに理由はありません。

人間にとって、これ以上、幸せなことってないと思います。幸せな「ライフキャリア」を描く大きなヒントが、ここに隠されていると思うんです。

秋山　確かに。言われてみれば、オタクの人は周りの目を気にしない人も多いし、真ん中に強い軸がある感じがしますね。

平賀所長　幸福について考えるうえで、もう一つ参考になる研究があります。ウェルビーイング研究の第一人者である前野隆司さん（慶應義塾大学大学院教授）が提唱する**「幸福の4つの因子」**です。

前野教授の研究では、幸福を構成している主要な因子は4つあるといいます。第

1因子「やってみよう！」自己実現と成長の因子。第2因子「ありがとう！」つながりと感謝の因子。第3因子「なんとかなる！」前向きと楽観の因子。最後に、第4因子「ありのままに！」独立と自分らしさの因子です。

この4つの因子を見ていくと、プライベート領域の「特技」が持つ特徴と重なる部分が多くあります。「好きなことで成長する」という自己実現、「得意なことで人の役に立つ」人とのつながり、「人の目を気にせず、好きなことをやる」自分らしさ。

オタクの人にも共通する「特技」には、幸せになる要素が満載なんですね。逆に考えると、「特技」ブロックの割合が増えれば増えるほど、幸福度は増すともいえます。

秋山

なるほど、特技をやる時間が増えればどんどん幸せになれるのか……。わかる気がします。

平賀所長

「特技」は、単なる趣味や余暇の楽しみなどではなく、最も重要なライフキャリアの資産なのです。だからこそ、まだ何かを創り出す時間的・金銭的余裕のある会社員でいるうちに、自分が好きでたまらない「特技」を意識して創ってほしいのです。秋山さんなら、「教える」という特技があるじゃないですか。それを磨き上げてほしい。

秋山　わかりました。今日の講義で私が本当に好きで、心からやりたいことが見えてきた気がします。これから意識して「特技」を磨き込んでいきたいと思います。実は今、通っている勉強会で「ビジネス研修の先生をやらないか」って話をもらっていまして。ただ、自信がなくて、とても私なんかじゃ無理無理って思っていたんです。

平賀所長　それ、すごくいい話じゃないですか。ぜひお受けするといい。それで「教える」特技に磨きをかけるべきです。

秋山　はい。今日講義を聞いて、気持ちが変わりました。物は試し、引き受けてみようって。こういうところから特技が磨かれて、キャリア資産が蓄積されていくんですよね。

平賀所長　その通りです！　とてもいい心掛けですね。

さあ、今日の講義はここまでです。次回はいよいよ最終回。これまでの講義の集大成**「資産融合」**の講義です。……おや、次はもう年明けになりますね。また来年お会いしましょう。よいお年を！

解説

特技は立派なキャリアの資産

一昔前は、仕事と趣味は別々の領域とされ、趣味は余暇の楽しみにすぎない、と考えられていました。しかし、現代では、その考え方が変わりつつあります。

理由の一つに、テクノロジーの進化とグローバル化による労働市場の変化が挙げられます。デジタル化が進む中で、個人が自らの興味や得意分野を活かして独自のキャリアを築くことが容易になりました。その結果、インターネットやソーシャルメディアを活用することにより、趣味や特技をビジネスに結びつけやすくなったのです。

たとえば、料理が得意な人がYouTubeで料理チャンネルを開設し、収益を得ることができるようになったり、趣味の写真がＳＮＳで高く評価され、写真家としての仕事につながったりすることがあります。

さらに、働く人々の価値観やライフスタイルの変化も大きな要因です。休日や余暇時間を大切にし、自己成長や充実感を得ることを重視する人が増えています。そのため、趣味や特技を活かした仕事を求める人が増えており、自己実現や働き方の多様性を追求する傾向が強まっています。

こうした変化がもたらす意義は、たくさんあります。まず、個人の充実度や幸福感が高まることが挙げられます。自分の得意なことや好きなことを仕事にできれば、日々の業務がより「やりがいのあるもの」になり、心理的な満足感や充実感を得やすくなります。また、自己実現や成長への道を見つけやすくなります。自分の趣味や特技を仕事に結びつけることで、自己成長の機会が広がり、新たなスキルや知識を獲得する機会にも恵まれるでしょう。

さらに、趣味や特技が単なる消費行動からキャリアの資産へと変わることは、個人の幸福度や充実感を高めるだけでなく、社会全体の発展にも寄与《きよ》する重要な要素だといえます。**自分の得意なことや好きなことを仕事にすることは、単なる流行《はや》りや消費ではなく、持続可能なキャリアの形成において重要な意味を持つ**でしょう。

そこで次からは、ライフキャリアの資産としての趣味や特技について検討していきます。

趣味の3類型と特技へ昇華するメカニズム

まず、「趣味」に関して検討していきます。

趣味を非常に大きな枠組みで捉えて、「自分が好きでやっていること」と定義している人が多いのではないでしょうか。しかし、実は趣味は「消費型」なのか、「創造型」なのかで大きく2つに分類でき、「消費型」はさらに2つの類型に分かれると考えられます。次を見てください。

A 消費型趣味

①体験消費型趣味

自らの体験を楽しむ趣味です。スポーツ・アウトドア・旅行・山登り・食べ歩きなどがこれに該当します。五感で刺激が得られ、活力が湧いてくるものです。

②コンテンツ消費型趣味

すでに誰かが製作したものを楽しむ趣味です。テレビ・映画・漫画・ゲーム・本などを楽しむことがこれに該当します。どちらかといえば、知識や感性が刺激されて、ワクワクするものです。

B 創造型趣味

何かを生み出す、作る趣味です。家庭菜園・料理・DIY・写真撮影・バンド活動・絵画などが該当します。これらの趣味を通じて、創作力

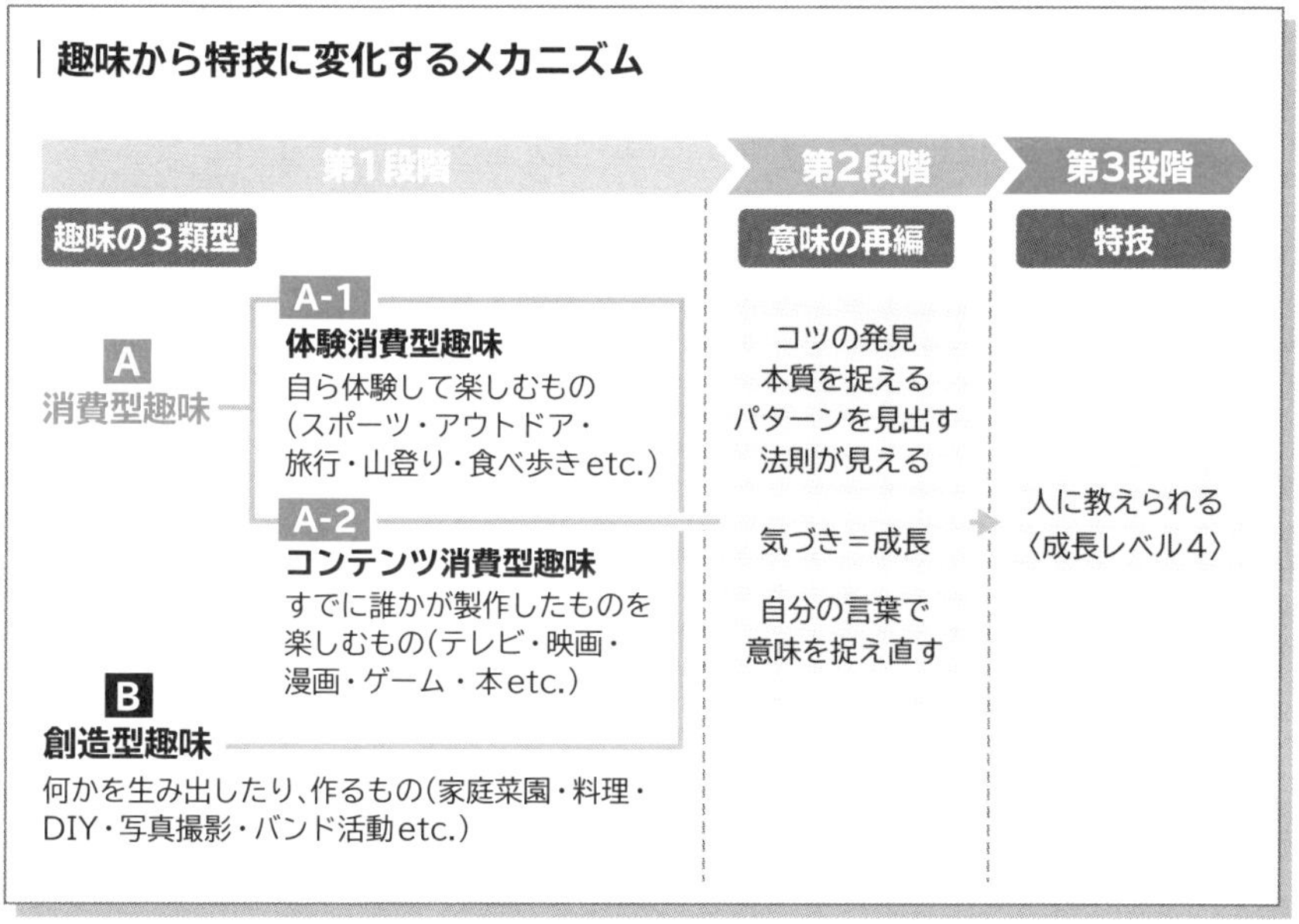

や発想力が高まり、やりがいが育まれていきます。

よく、**A**消費型趣味はよくない、**B**創造型趣味にすべきだ、という主張がウェブなどで見受けられます。しかし、私はそうは思いません。私自身も映画や本が大好きですし、それをやめてまで**B**創造型に趣味を集中させることはしたくはありません。

問題はそこではなく、「趣味から特技に変化するメカニズム」の図の第1段階にとどまっていることだと思います。大事なのは、段階を進める意識を持つことです。

では、趣味から特技へどう昇華していくのか、そのメカニズムに迫ってみましょう。

図の第1段階は、趣味をやることで満足してしまい、やりっぱなしの状態でいることを指します。それ自体が何か悪いわけではありませんが、しかし、この段階でとどまっていては、ただ時間を消費するだけです。

一方、第2段階に入ると、趣味を楽しむ中で、何らかの気づきがあって、それが自分自身の成長として感じられるようになります。この段階になると、「ほかにどのようなコツがあるのか」「本質的な意味はこういうことにあるのではないか」「もしかしたら、こんな法則があるのではないか」……などと想像力が高まっていきます。**気づきというのは、体験を通じて脳内で「意味の再編」が起こっている状態**です。ここでさらに本を読み、仲間と話をするなどして、さらに意味が磨かれていきます。

気づきがたくさん溜まってきたら、さらに次の段階です。第3段階になると、気づきを自分の言葉で語れる状態になり、人に教えることができるレベルになります。こうなったら、もう立派な「特技」といってよいでしょう。

ライフキャリアを形作るうえで、特技のレベルに至る資産をたくさん持っていることが重要な意味を持ってきます。次の章で詳しく解説しますが、この特技に、会社で培《つちか》ったビジネス創造資産を融合させて、やりがいのあるパーソナル・ビジネスに進化させていく。それが、ライフキャリアを形にする肝《きも》になるのです。

特技ビジネスの誕生：ウェブが開いた新しいビジネスの形

数十年前から始まった技術革新は、**「パーソナライズ化」**が潮流となっています。

昔は工業用のコンピューターだったものが、今や個人が使うパソコンに変わり、家庭の電話も個人の携帯電話に変わりました。テレビ番組も、今ではYouTubeなどの個人チャンネルで提供されるようになりました。昔は大きな投資が必要だった映像の制作ですら、スマートフォンで編集作業をすることができ、個人がインスタグラム等でライブ配信することもできるようになりました。

こうしてウェブの世界は、かつて大企業にしかできなかったことを、個人でも簡単にできるようにしてくれ、しかも、収益化までできるシステムを提供してくれました。

このような環境の中で、とくに得意な分野を持っている人たちは、自分のコンテンツを作って簡単にビジネスにつなげることができるようになりました。たとえば、お笑い芸人は笑いを提供するコンテンツ、スポーツ選手や格闘家は技術やトレーニング関連のコンテンツ、モデルやタレントはファッションやメイクのコンテンツ、ミュージシャンはライブ関連のコンテンツなど、それぞれの才能を活かしたコンテンツでビジネス化をスタートさせたのです。

著名人が注目される中、とりわけ勇気づけられる独自のビジネスストーリーを聞くことがありました。木彫りの技術で独立した土田大二郎さんのお話です。

＊

土田さんは山口県宇部市出身の40歳の木彫り職人。現在は同県防府市で作品作りを続けるかたわら、教室を運営し、講座を開催するなどしています。しかし、彼はもともと、木彫りとは無縁の仕事をしていました。そんな彼が、なぜ木彫りの職人となるに至ったのか、そこにはどんな人生の変遷があったのか。さっそく見ていきましょう。

土田さんは幼少期から健康面で苦労し、中学校では病気をきっかけに不登校になったといいます。高校を卒業した後、いくつかのバイトを経験し、その後は就職活動がうまくいかず、すっかり生きる意欲を失っていました。体調の悪化により仕事を続けること自体、困難でした。その後、体調が回復した25歳のときに農業関連の会社に就職し、そこで2年間勤務しました。その後、太陽光発電会社に転職して3年間勤務しましたが、会社員としての生活に疑問を感じ始めます。

彼の生活に大きな転機をもたらしたのは木彫りです。彼は、小学校の図工の授業で初めて彫刻刀に触れ、振り返れば、その後もずっとその楽しさを忘れられずにいました。やはり、**「楽しい感情があらゆる行動の源泉」**になるのでしょう。高校卒業後、19歳のときに木彫りを始め、自己流で技術を磨き続けたそうです。なぜなら、木彫りに没頭することで、心身の不調を忘れることができ、その時間が救いとなっていたからです。ここまでは完全に趣味でした。

仕事として木彫りを始めようと思ったきっかけは、ブログで作品を公開し、そこから反応を得たことでした。ブログ上での交流から自信をつけ、いつしか展示会で作品を販売するまでになりました。とくに仏師に誘われたことが強く背中を押したそうです。

起業後、最初の数カ月は厳しい状況が続きました。しかし、彼は試行錯誤を繰り返しながら、メルマガを活用して登録者数を増やし、徐々に受講者との信頼関係を築いていきました。無料講座を開催し、そこから有料の通信講座や対面の教室をスタートさせ、現在では500人以上がメルマガに登録。常時35~40人が通信講座を受講するまでになっているといいます。

彼は、自分の「やりたいこと」を信じる重要性を感じています。ブログから始まった顧客や仏師とのコミュニケーションが起業を決断するきっかけとなり、最近は教えるだけでなく、もっと自分の木彫り作品を作りたいと話します。

土田さんの事例は、困難な状況や健康問題があっても、自らの興味と情熱を追求することで新しいキャリアを築くことができる可能性を示しています。

特技がない人は誰一人としていない

日本人特有の考えかもしれませんが、「自分には特技がない」と感じている人が多いという課題があります。何かの大会で優勝したり、有名人に認められたり、何か実績がないと特技とはいえないと、思い込む人が多いのです。

この本では、あえて特技を「自分よりもできない人に教えることができるもの」と定義しています。この定義であれば、誰もが特技を持っていることになるからです。たとえば、料理が得意な人は、大会で優勝していなくても、料理が苦手な人にアドバイスできますし、釣りをしたことのある人は、まったくの初心者に基本を教えることができます。自分よりも経験が少ない人に対して教えられることと考えると、誰もが「特技を持っている」といえるようになります。

私は、「自分には特技がない」と言う人に「趣味で楽しんでいることで、自分よりも経験の少ない人に教えられる教室を開くとしたら、どんな内容にしますか?」と質問してきました。これまでに1000人以上にこの質問を投げかけてきましたが、答えられなかった人は一人もいませんでした。誰もが自分の興味や知識を持ち合わせており、それを人に教えることができるのです。

ワクワクしながら何らかのエキスパートになれる世界の実現

第2章で「キャリア資産の成長5段階」について説明しました。「教える」ということは、自分の経験を振り返り、大切なことを自身の言葉で他者に伝えることができるレベルです。興味のあることをとことん経験して、「教えられるレベル」の知識やスキルをたくさん蓄積することは、ライフキャリアを発展させるうえで重要なカギになります。なぜなら、興味のあること、得意なことを教えると「個人の充実感、幸福感」につながるからです。

ウェルビーイング研究の第一人者である、慶應義塾大学大学院の前野隆司教授は、幸せは次の4つの因子で構成されているとしています。

第1因子：「やってみよう！」自己実現と成長の因子
第2因子：「ありがとう！」つながりと感謝の因子
第3因子：「なんとかなる！」前向きと楽観の因子
第4因子：「ありのままに！」独立と自分らしさの因子

ここで私が注目しているのは、第1因子の「やってみよう！」です。この「やってみよう！」の説明で、前野さんはライフキャリアにつながる大事な点を、『ディストピア禍の新・幸福論』（プレジデント社）で次のように指摘しています。

求められるのは、誰かに決められた目標ではなく、「自分が本当にやりたかったこと」を、自分で決めて実現していくあり方である。そこでは、競争で勝つことや経済合理性、社会的意義よりも、内面の価値が重要である。

地球上のすべての人が、他人との比較ではなく、自分の心の底から湧き上がる心の声に従って、ワクワクしながらなんらかのエキスパートになれる世界——。そんな世界こそが理想である。

ビジネスの世界では、競争や経済的な合理性が当然のこととされています。仕事では、しばしばミッションや予算に従い、本来やりたくないことも遂行しなければなりません。これがストレスの一因です。

ところが、プライベートでは自分が本当にやりたいことに集中できます。そのため、ストレスが少なくなり、楽しみが増えるはずです。

楽しいことは継続する動機になり、継続することで知識やスキルが身につきます。そして、その積み重ねが他人に教える「力」に変換されるのです。

ライフキャリアは長期戦です。楽しく成長を感じることができなければ長続きしません。人生100年時代といわれますが、幸福な時間を過ごすためには、興味あることをたくさん経験し、楽しみながら特技にまで昇華させることが重要です。

幸福感を醸成する特技の価値

この「特技を教えることが幸福感とつながっている」という論には、エビデンスがあります。厚生労働省の研究事業で行われている「介護予防を推進する地域づくりを戦略的に進めるための研究」の分担研究報告書「高齢者の幸福感に関連する要因の探索的検討」によると、65歳以上の高齢者17万人に対する定量調査で幸福感に関連する要因を分析したところ、「特技や経験を伝える活動への参加」に幸福度が高い傾向が見られたそうです。多くの社会関係要因の中で、この幸福度と特技の高い関連性は注目すべきです。

つまり、**特技はもはや余暇の楽しみではなく、ライフキャリアにおいては立派な資産であり、幸福感の源泉になるもの**なのです。

こうした認識のもと、会社員でいるうちに楽しみながら自己投資を行い、何か価値があるものを生み出せる「特技」を持つ努力を心がけましょう。個人の心も充塡され、幸福感を感じる特技こそ、ライフキャリアを長く支える資産になるからです。

幸福感と社会参加の状況

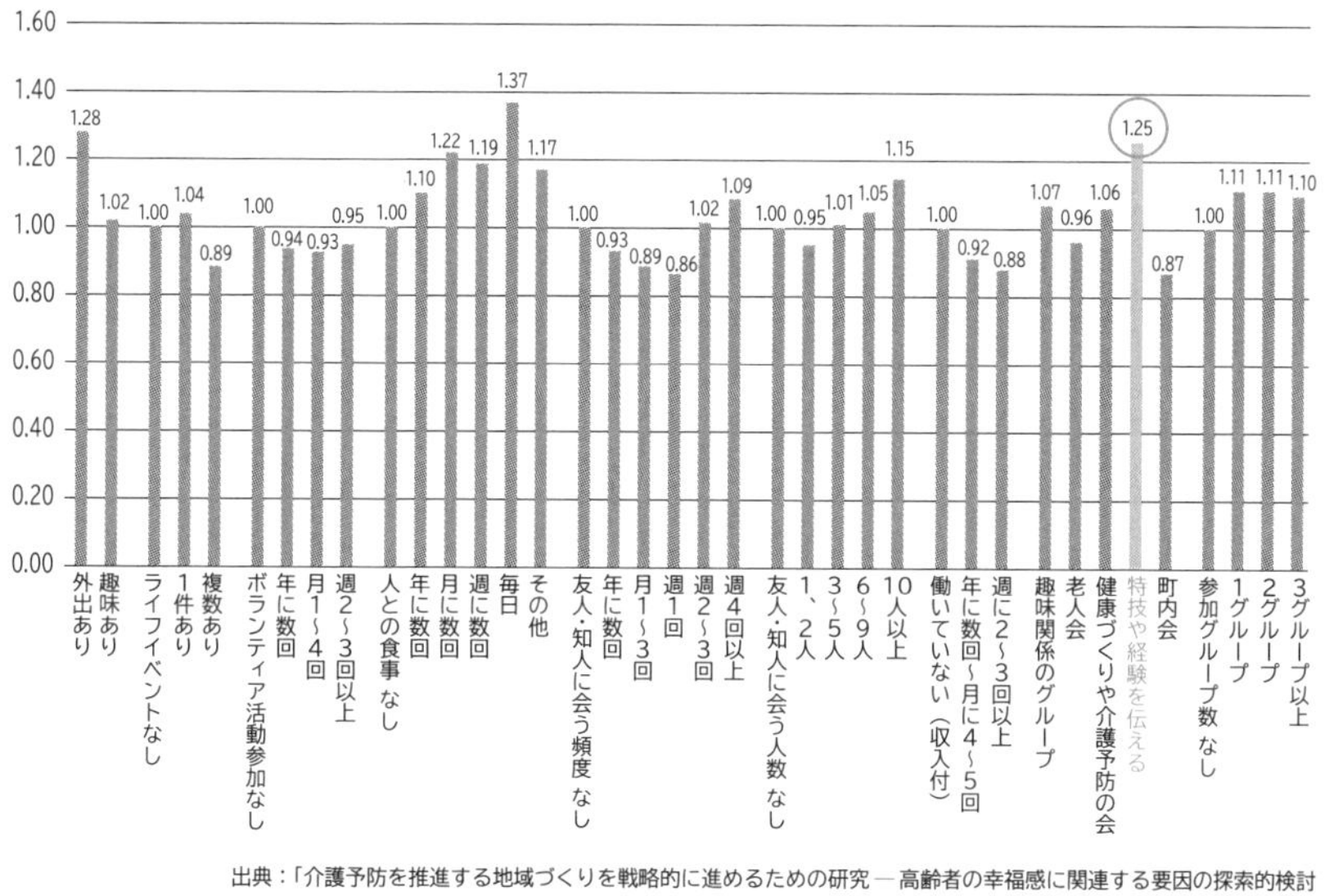

出典：「介護予防を推進する地域づくりを戦略的に進めるための研究 ― 高齢者の幸福感に関連する要因の探索的検討 ― 横断分析」（平成29年度）より作成

第 5 章

再生

「福」業を
資産融合で築く

LIFE CAREER

未来の資産作りとしての決心

ライフキャリア研究所での4回目の講義が終わり、年の瀬も押し迫ったある日、秋山はビジネス書勉強会の納会に参加していた。1年の集大成として、ほぼ全員が集まって、これまでの勉強会の内容を振り返るという名目の、要は忘年会だ。

すっかり打ち解けたメンバーと楽しく会話しながら、秋山はこの1年を回想していた。

——毎年思うけど、今年はとくにあっという間だったなあ。50歳になって、会社では早期退職制度が発表された。なんだか気持ち的に落ち着かない1年だったけれど、やはりいちばんの衝撃は、「ライフキャリア研究所」だったな。社会に出てから、自分がどれだけ今の会社に依存して生きてきたか、改めて思い知らされた感じだ。

中でもプライベート領域の趣味が特技になり、それが立派なキャリアの資産になるという考え方は目から鱗《うろこ》だった。別に、仕事の環境は何も変わっていないけれど、見える世界が変わったというか、視野が開けた。たった2カ月で、世界が違って見えている感覚だ。

LEDライトが煌《きら》めく綺麗なイルミネーションを見ながら、しみじみと今年の出来事を思い返していたところに、少し酔った様子の野口が声をかけてきた。

野口　おっす、秋山。なんだか楽しそうだね。先日ちょっと相談したビジネス研修の講師の件だけど、考えてくれた？　あのときはあんまり乗り気じゃないみたいだったけど、信頼して頼める人って、意外にいないもんだよ。やっぱり秋山にお願いしたいんだよね。

秋山　いろいろ考えたんだけど、僕でよかったら、ぜひお願いします。自分なんかでいいのかなって今も思うけれど、何事も経験だし、「未来の資産」も貯まるからね。

野口　おっ!!　本当かい！　ありがとう。先日の様子だと、断られるかと思ったから嬉しいよ。でも、なんでいきなり気が変わったの？

秋山　ある人に、これからのキャリアについて教えてもらったんだけど、それですっかり意識が変わっちゃったんだよね。自分で決断することが大事だなと真剣に思うようになってね。

野口　なんだかよくわからないけど、とにかくよかった、よかった。来年4月の開校を目指しているから、詳細が決まったらまた打ち合わせをさせて。ありがとうな！

酔いが回ったのか、あるいは新しい挑戦への高揚か、野口は頬を赤く染めながら意気揚々と別のグループに顔を出しにいった。

秋山　これもライフキャリア研究所のおかげだな。年が明けたら、次はいよいよ最終講義だ。

秋山は、心地よい気分で、せわしない師走の街並みを抜けて、家路につくのだった。

未来への最終講義

年が明けた1月初旬。秋山はライフキャリア研究所での最終講義を受けるため、すっかり馴《な》染《じ》んだ新橋の白いビルに向かった。

秋山　平賀所長、明けましておめでとうございます。今年もよろしくお願いします！

平賀所長　明けましておめでとうございます。こちらこそ今年もよろしく。しかし秋山さん、いい表情をしてますね。どうやら、よい年末年始を過ごされたみたいですね？

秋山　おかげさまで、これまでの講義を思い返して、気分よく今後のキャリアをあれこれ妄想しながら過ごしました。

平賀所長　新年早々、とてもいい心掛けですね。顔に出ていますよ。

秋山　そうですか？　ありがとうございます。

平賀所長　それでは、さっそくですが最終講義を始めます。今日の講義はこれまでの集大成となる内容です。

これまでに棚卸したキャリア資産を組み合わせて、有形資産化しうる「種」を考えます。**ビジネス領域の「仕事」とプライベート領域の「特技」の掛け合わせで生まれる〝資産融合〟、これを「パーソナル・ビジネス」と呼んでいます。これが「ライフキャリア」の最終ゴールです。**

秋山　「パーソナル・ビジネス」ですか？　私が何かビジネスを行うのでしょうか？

平賀所長　そうです。しかし、秋山さん、会社の感覚で売上数億円とか、そんな大きなビジネスではないですよ。遅かれ早かれ、いつか会社員生活は終わります。そのとき、秋山さんとご家族がお金に困らない暮らしをするため、不安にならないために小さな事業を持つ。サイズでいえば、毎月もらえる年金額くらいです。

会社だけに依存せず、小さくとも自分の事業を持つことが、今後のキャリアの希望と安心につながりますから。**「人生100年時代に対応して、定年後の年金、退職金に続く第3の収益の柱を、10年かけてゆっくりと準備しましょう」**というのが、私たちライフキャリア研究所の提案です。

秋山　なるほど、それは納得感がありますね。とはいえ、私にできるでしょうか？

平賀所長　大丈夫。今回も手順に沿ってワークしていけば、必ずそのための「種」が生まれます。それではこちらのワークシートをご覧ください。

平賀所長　これが秋山さんの「パーソナル・ビジネス」、資産融合を創るシートです。

秋山　おおっ、なんかカッコいいですね。ピラミッドみたい。

平賀所長　思い出してください。過去4回の講義で、ここにある4つのブロックの棚卸しを順番にやってきました。

秋山　はい。正直、最初のほうの記憶はおぼろげですが……。

平賀所長　まったくかまいませんよ。はじめに「ビジネス経験」の棚卸しをしました。ビジネス知識、ビジネススキル、ビジネスマインドの3つに分類して棚卸しをしましたね。

秋山　ああ、思い出しました！「知っていること」と「形にできること」と「心構え」

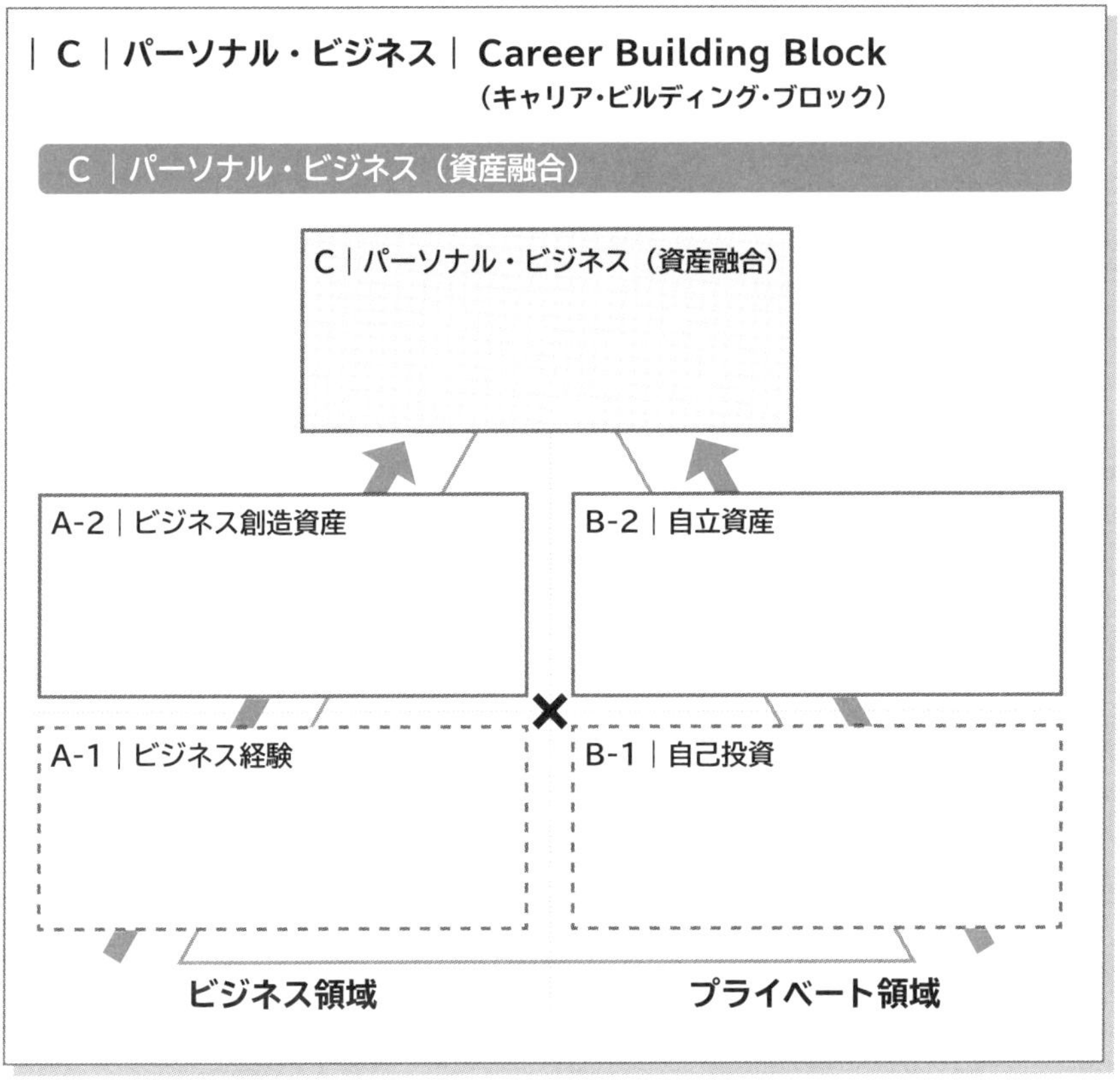
| C |パーソナル・ビジネス| Career Building Block
(キャリア・ビルディング・ブロック)
C |パーソナル・ビジネス(資産融合)
C |パーソナル・ビジネス(資産融合)
A-2 | ビジネス創造資産
B-2 | 自立資産
A-1 | ビジネス経験
B-1 | 自己投資
ビジネス領域
プライベート領域

ですよね。

平賀所長 そう。秋山さんのビジネス経験はいろいろありましたよね。とくに会計・財務スキルや建設業界の知識などです。
2つ目のブロックは「ビジネス創造資産」の棚卸しです。「＋40型チェック」覚えてます？

秋山 はい、私は「チーム実行力」や「ヴィジョンメイク」が低かったのでよく覚えています。

平賀所長 逆に、「課題発見力」や「ビジネス構想力」は丸がたくさんついていましたよね。
そして、3つ目のブロックは、プライベート領域の「自己投資（学び・趣味）」の棚卸しです。

秋山 これは前回の内容なのではっきり覚えています。「読書」や「教えること」など、長く続けている「自分の本当に好きなこと」が改めてわかりました。

平賀所長 さすがですね。さあ、4つ目のブロック。「自立資産（特技）」の棚卸しです。

秋山 単なる趣味が特技に昇華する、というのが私にとってはパラダイムシフトでした。

あのときの「教室ワーク」で、私は「会計・財務」と「教えること」の組み合わせが得意で好きなことなんだと再認識しました。

平賀所長 記憶が鮮明ですね。素晴らしい。それでは、このワークシートを使って、4つのブロックを埋めてください。それぞれのワークの内容から強みだと思うものを3つ程度抜き出して、ワークシートに記入してください。

そして、4つの資産を組み合わせて〝資産融合〟をして、秋山さんだけのパーソナル・ビジネスを妄想してみてください。あくまで「妄想」でいいです。自分で考えて、自分で決めることが大切です。

それから、うまく書けずに迷ったところは平賀に確認しながら、秋山はワークシートを完成させていった。

秋山 できました！ こうやって書き出して見てみると、これまで結構いろいろなことをしてきたんだな、と改めて思いますね。

平賀所長 会社にいると当たり前に思えることが、世の中では実はとても価値があるスキルだったり、単なる趣味だと思っていたことが、実は人に教えるような特技だったりするんです。こうやって言語化してみて初めて、そのことがわかりますね。その強みを組み合わせた資産融合、「パーソナル・ビジネス」は何を考えましたか？

秋山　はい、私は「数字が苦手なサラリーマンのための会計・財務の基礎知識が学べるコミュニティ」を創造することにしました。単なる勉強会ではなく、学びと交流ができる場を創りたい。

平賀所長　もっと詳しく聞かせてください。なぜそれを「パーソナル・ビジネス」にしたいと思ったのですか？

秋山　私の本業での一番の強みは、「会計・財務の知識とスキル」です。そして、プライベートの特技は「教えること」だと気づいたんです。とくに、数字に苦手意識のある人にわかりやすく教えることです。

　この2つを掛け合わせて、「数字が苦手なサラリーマンのための会計・財務の基礎知識が学べるコミュニティ」が最も具体的なイメージが湧きました。自分の強みを活かした活動をもっと広げていこうと思ったとき、単発の勉強会ではなくて、参加者がみんなで学んだり交流したりする場所を創りたいなと思ったんです。だから「コミュニティ」。このアイデアが頭に浮かぶと、その瞬間、すごくワクワクしたんですよね。それで、これに決めました。

平賀所長　ワクワク……それが人生でいちばん大事なんです。人間はワクワクしているときに「生きている」と実感するものですからね。「自己決定」して本当にやりたいことを目指して動き出すことが、ワクワクの原動力となり、楽しくてオリジナルの「パー

｜C｜秋山和真｜（ワーク）記入例

C｜パーソナル・ビジネス（資産融合）

C｜パーソナル・ビジネス（資産融合）
数字が苦手なサラリーマンのための
会計・財務の基礎知識が学べる
コミュニティ（学びと交流の場の創造）

A-2｜ビジネス創造資産
好奇心、三方よし、観察力、法律知識、
考え方がチームで同じ

×

B-2｜自立資産
数字が苦手なサラリーマンのための
会計・財務の基礎知識教室

A-1｜ビジネス経験
- 建設業界知識、会計・財務知識
- 経理・財務スキル、プロジェクト管理スキル
- 超プラス思考、セルフスターター、粘り強さと責任感

B-1｜自己投資
- 教えること（塾講師や若手向けの会計・財務勉強会）
- 建設業経理事務士１級
- 読書（ビジネス書、主に会計・財務）

ビジネス領域　　**プライベート領域**

ソナル・ビジネス」を創る第一歩が踏み出せるんですね。
秋山さんはとてもいい資産融合、すなわち「パーソナル・ビジネス」を描けたと思います。次は、これを実現していくために必要なスキルについてお話しします。

まず、ITリテラシーを高めよ

平賀所長 秋山さんにはこれから、目指す「コミュニティ」の実現に向けて実際に動き始めてほしいと思います。そのために、今の時代に必須の能力があります。なんだと思いますか?

秋山 必須の能力ですか? うーん、営業力とかですかね?

平賀所長 もちろん、営業力が必要な場面もあるとは思いますが、もっとすべてのビジネスのベースになる能力です。それは、ITリテラシーです。

秋山 ITリテラシーですか。それはそうですよね。エクセルは得意ですが、それだけじゃ足りないですよね。

平賀所長 エクセルが得意というだけでも素晴らしいことですが、ビジネスを構築するにはもう少し広い範囲でのITリテラシーが必要になってきます。まずは、こちらの図を見てください。
　これは、言ってみれば「現代版読み書きソロバン」です。時代に応じて、読み書きソロバンに当たる能力がどんどん変化してきています。平成時代のビジネスマンの読み書きソロバンは、ワード、エクセル、パワーポイントでした。令和になり、これらに加えて創造、発信、コミュニティに当たるITリテラシーも求められるようになってきました。
　ところで秋山さんは、SNSはやられていますか？

秋山　はい、FacebookとXを少し。といっても、たまに投稿する程度です。

ITリテラシー（現代の読み書きソロバン）

平賀所長　たとえば今、個人でイベントを開催して集客しようとすると、告知の中心はＳＮＳになってきます。ということは、少なくとも使えるようになっていないとまずいですよね。あと、簡単な画像の編集はできますか？

秋山　いや、ほとんどやったことがないですね。正直苦手です。

平賀所長　会計・財務のコミュニティの紹介ページの画像を作るのも、自分でやらないといけなくなります。

秋山　そう言われると、いきなり自分でやるのは無理な気がしてきました。

平賀所長　いやいや、あきらめるのは早いです。ただ現状把握として、必要なＩＴリテラシーのうち、自分はどの程度使えるのか、ちゃんとわかっている必要があります。そこで、次のチェックシートを見てください。

そう言って、平賀は次のスライドをディスプレイに映し出した。

平賀所長　これは、令和版読み書きソロバンを15項目のチェックリストにしたものです。「コンテンツ創造」「情報拡散」「ＷＥＢ基盤構築」の３つのカテゴリーで構成されています。まずはこれをやってみてください。

ITリテラシー（現代の読み書きソロバン）チェックシート（W15）

カテゴリー1	カテゴリー2	項目	チェック	
コンテンツ創造	ライティング	ブログを書いている	□	コンテンツ創造
		SNS投稿をしている	□	
	編集	生成AIを使っている	□	
		画像加工ができる	□	／4
情報拡散	情報発信	3つ以上SNSを使っている（Facebook、X、Instagram、YouTube、TikTok）	□	情報拡散
		フォロワーが1000人以上いるSNSがある	□	
		オンライン配信スキルがある	□	
	コミュニティ	オンラインMTGができる	□	
		イベントを主催したことがある	□	
		オンラインコミュニティを主催・参加している	□	／6
WEB基盤構築	WEBマーケティング	ホームページが作れる	□	WEB基盤構築
		WEB分析ツールを使える	□	
		WEB広告を出稿したことがある	□	
	クラウドサービス	クラウド会計サービスを使っている	□	
		クラウドソーシングで受注したことがある	□	／5

TOTAL ／15

秋山　うわっ、やってみたら全然チェックがつきません。3つだけ……。これじゃ、とうてい無理ですね。

平賀所長　現時点でできなくても問題ありません。これから10年かけて身につけていくつもりでいればいい。さらに言うと、全部自分でできるようになる必要もないんです。できないなら、できる人に頼めばいい。

ここでお伝えしたいのは、自分でビジネスを持つと、これまで会社の誰かが知らないところでやってくれていたことも、自分で考え、準備しなければならなくなる、ということです。

秋山　私が会社で担当しているのは、ビジネス全体から考えるとほんの一部ですもんね。なんだか急にやる自信がなくなってしまいました。

平賀所長　大丈夫ですよ。今の時代、どんどん使いやすいツールやサービスが出てきています。昔はプログラミングができないといけなかったようなことも、今はワード、エクセルレベルのPCソフトやスマホアプリが使えるくらいでできてしまうものがほとんどです。どんどん個人が活躍できる時代になっているんです。さらに、もっと大ニュースがあります。

秋山　大ニュース？　いったいなんですか。

｜秋山和真｜ IT リテラシー（現代の読み書きソロバン）チェックシート記入例

カテゴリー1	カテゴリー2	項目	チェック	
コンテンツ創造	ライティング	ブログを書いている		コンテンツ創造 1/4
		SNS投稿をしている	✓	
	編集	生成AIを使っている		
		画像加工ができる		
情報拡散	情報発信	３つ以上SNSを使っている（Facebook、X、Instagram、YouTube、TikTok）		情報拡散 2/6
		フォロワーが1000人以上いるSNSがある		
		オンライン配信スキルがある		
	コミュニティ	オンラインMTGができる	✓	
		イベントを主催したことがある	✓	
		オンラインコミュニティを主催・参加している		
WEB基盤構築	WEBマーケティング	ホームページが作れる		WEB基盤構築 0/5
		WEB分析ツールを使える		
		WEB広告を出稿したことがある		
	クラウドサービス	クラウド会計サービスを使っている		
		クラウドソーシングで受注したことがある		

TOTAL 3/15

平賀所長　それは「生成ＡＩ」です。ChatGPTという言葉を聞いたことはありませんか？

秋山　はい、もちろん知っています。会社でも話題になっていて、一部導入されたりしていますので。

平賀所長　この「生成ＡＩ」はインターネットの発明に匹敵するぐらいの大事件だといわれています。これが私たち50代のサラリーマン世代にとって、**一発逆転の大チャンス**になる可能性があるのです。

秋山　一発逆転ですか。なぜですか？　全然意味がわかりません。

平賀所長　これまでのイノベーションの特徴は、「スキルの高い人がさらにスキルが高くなる」イノベーションがほとんどでした。ですから、普通の人とレベルの高い人の差がどんどん開くものだったんです。**今回の「生成ＡＩ」はそれとは逆。「スキルの低い人のスキルが大きく上がる」イノベーション**なんです。使い方を覚えさえすれば、誰でもレベルの高いアウトプットができるようになります。

　つまり、ＩＴリテラシーを身につけるハードルが大きく下がる可能性が高いんです。ＩＴリテラシーがコモディティ化、要するに、一般化すると、反対に対人スキルやマネジメントスキルといった人間関係の機微《きび》に関わる能力が重要視されるようになります。それこそまさに、秋山さんのような50代の人が長年かけて身につけたスキルだったりします。キャリアの大逆転が起こるラッキーなツールです。

秋山　なんと、生成ＡＩがそんなところに影響を与えるんですね。ちょっと元気が出ました。ＩＴリテラシーでは若い人には勝てないと思っていましたが、対人コミュニケーションとかマネジメントだったら、まだ勝ち目がありますね。

平賀所長　はい。自分のＩＴリテラシーを正確に把握しながら、新しいテクノロジーをどんどん活用していく意識を持っておいてほしいと思います。

秋山　これからは意識してネットのニュースや情報に目を向けたいと思います。

パワー指数の強い資産を掛け算する

平賀所長　この講義も、終わりに近づいてきました。再度、「ライフキャリア」のゴールである資産融合＝パーソナル・ビジネスについて、大事なことをお話しします。

ライフキャリア設計は、次の公式で表されます。

ライフキャリア＝「ビジネス創造資産（仕事＝事業立案・実行力）」×「自立資産（特技＝幸福の素《もと》）」

秋山さん、この公式を見て、何か気づくことはありませんか？

秋山　当たり前ですけれど、「掛け算」ってところですかね。

平賀所長　おっ、そこです！　まさにこの公式は掛け算でできています。ですから、掛ける数字が大きいほど、「資産融合」のパワーは強くなりますよね。「キャリア資産の成長5段階」を覚えていますか？　2回目の講義でやりましたね。

この図のように、創造レベルになれば、ビジネス領域もプライベート領域も、掛けるパワー指数の数字が大きくなるのです。だから、創造レベルになるように資産を磨き上げることが、一つ目の重要ポイントです。さらに言うと、パワー指数が高い資産は「磁力」が強いと考えてください。要するに、ほかの資産を惹《ひ》きつける力が強いのです。ですから、融合する資産を見つける際は、まずパワー指数の高い、磁力のある資産を見つけることがコツです。

それから、もう一つ大事なポイントがあります。掛けるキャリア資産は別に2つでなくてもいいのです。

秋山　えっ、どういうことですか？

平賀所長　ビジネス領域も、プライベート領域も、複数の創造レベルのキャリア資産があっていいんです。ということは、掛け算がどんどん大きくなる。あなたの資産融合のもととなるキャリアパワーがどんどん大きくなるんです。

たとえば秋山さんの場合、「財務・会計スキル＆知識」×「わかりやすく教える

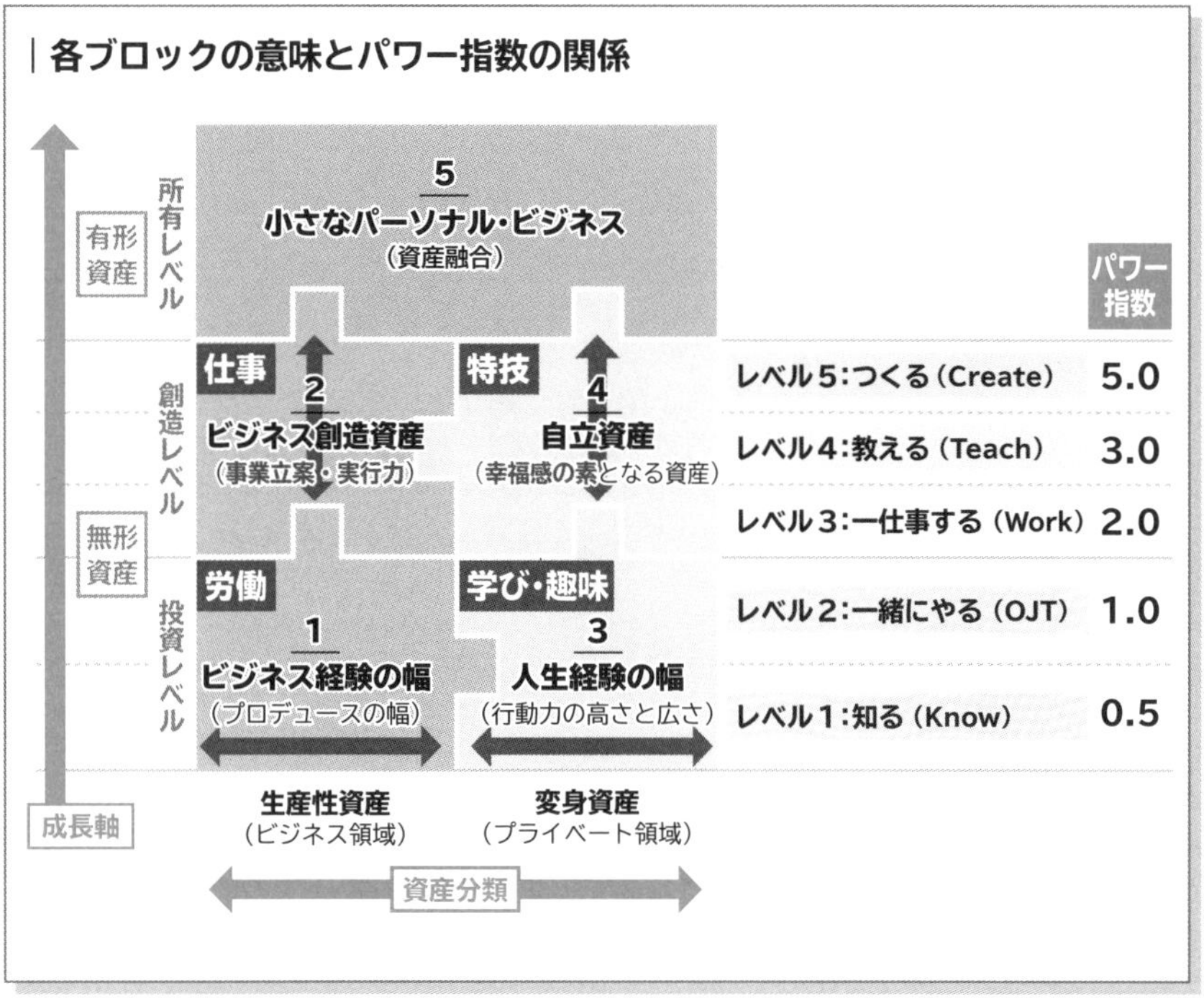
各ブロックの意味とパワー指数の関係
所有レベル
有形資産
5
小さなパーソナル・ビジネス
（資産融合）
パワー指数
創造レベル
仕事
2
ビジネス創造資産
（事業立案・実行力）
特技
4
自立資産
（幸福感の素となる資産）
無形資産
投資レベル
労働
1
ビジネス経験の幅
（プロデュースの幅）
学び・趣味
3
人生経験の幅
（行動力の高さと広さ）
レベル5：つくる（Create） 5.0
レベル4：教える（Teach） 3.0
レベル3：一仕事する（Work） 2.0
レベル2：一緒にやる（OJT） 1.0
レベル1：知る（Know） 0.5
成長軸
生産性資産
（ビジネス領域）
変身資産
（プライベート領域）
資産分類

技術」に、さらに「建設業の知識」を掛け合わせて、もっと業界に特化した専門性の高いコミュニティにしてもいい。

秋山 なるほど……ちょっとマニアックになりそうですが、それだけほかのコミュニティとの差別化にもなりますね。

平賀所長 そう。掛け算によって、唯一無二のパーソナル・ビジネスが創り出せるんです。

人生100年時代のシナリオ再検討

平賀所長 さあ、ここで人生100年全体を見渡して、秋山さんのシナリオを考えてみましょう。

秋山 100年のシナリオですか。今、半分の50年が終わったところですけど。

平賀所長は次のスライドを映し出した。

平賀所長 この図を見てください。ここでは演劇にたとえてみましょう。人生100年時代を2幕構成だとすると、今ちょうど第1幕が終了したところですね。そしてここからの10年間は、第2幕の準備をする幕間《まくあい》の期間と考えてみてください。残り40年のた

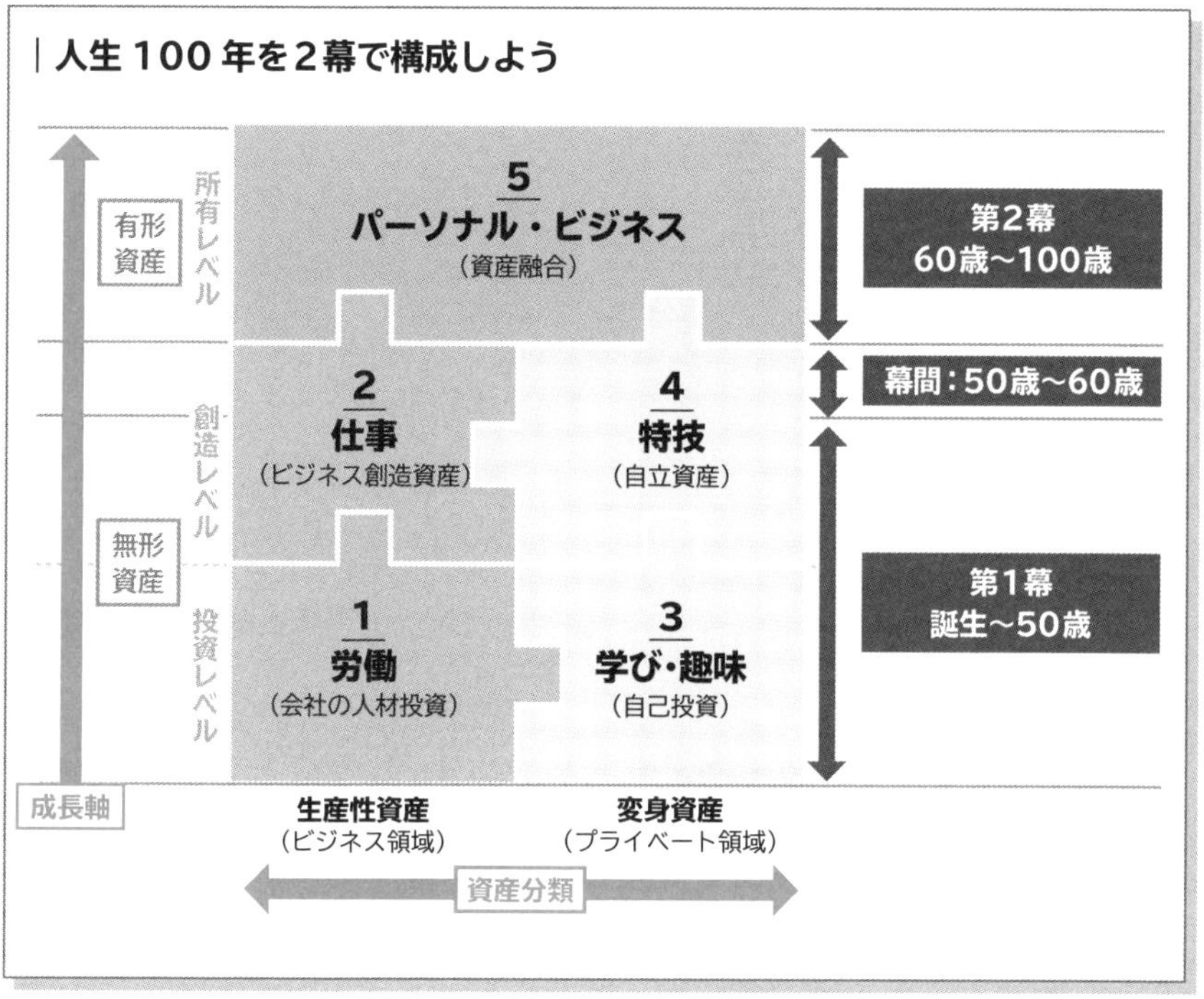
人生100年を2幕で構成しよう
所有レベル
創造レベル
投資レベル
有形資産
無形資産
5
パーソナル・ビジネス
(資産融合)
2
仕事
(ビジネス創造資産)
4
特技
(自立資産)
1
労働
(会社の人材投資)
3
学び・趣味
(自己投資)
第2幕
60歳〜100歳
幕間:50歳〜60歳
第1幕
誕生〜50歳
成長軸
生産性資産
(ビジネス領域)
変身資産
(プライベート領域)
資産分類

めに舞台変更をする時間です。具体的には、ビジネス創造資産を貯められるだけ貯めながら、プライベート領域の特技を再度見直して、楽しみながらゆっくり磨いていく感覚です。

そして、60歳からの第2幕の開幕です。幕間で準備して特技とビジネス創造資産を融合させて創ったパーソナル・ビジネスを活かしながら、ゆったりと楽しみながら過ごしていく。小さくても自分のビジネスで収入があると安心感が違いますよね。こんなライフキャリアが描けたら、楽しいと思いませんか。

秋山 なるほど、今は第1幕と第2幕のちょうどつなぎの期間になるんですね。そう考えると、どんな準備が必要で、どう変化していかないといけないのかがイメージしやすいです。

平賀所長 最後に改めてお伝えします。図の青い線で囲った部分、この3つのブロックは「自己決定」領域です。秋山さん、「自己決定」は何と関係がありましたか?

秋山 はい、幸福度です。仕事もプライベートも、自己決定できる範囲が広ければ広いほど、幸福度が増すんですよね。これはとても印象に残っているので、もう忘れません。

平賀所長 そう、その通りです。「ライフキャリア」をデザインするときに、どうやったら

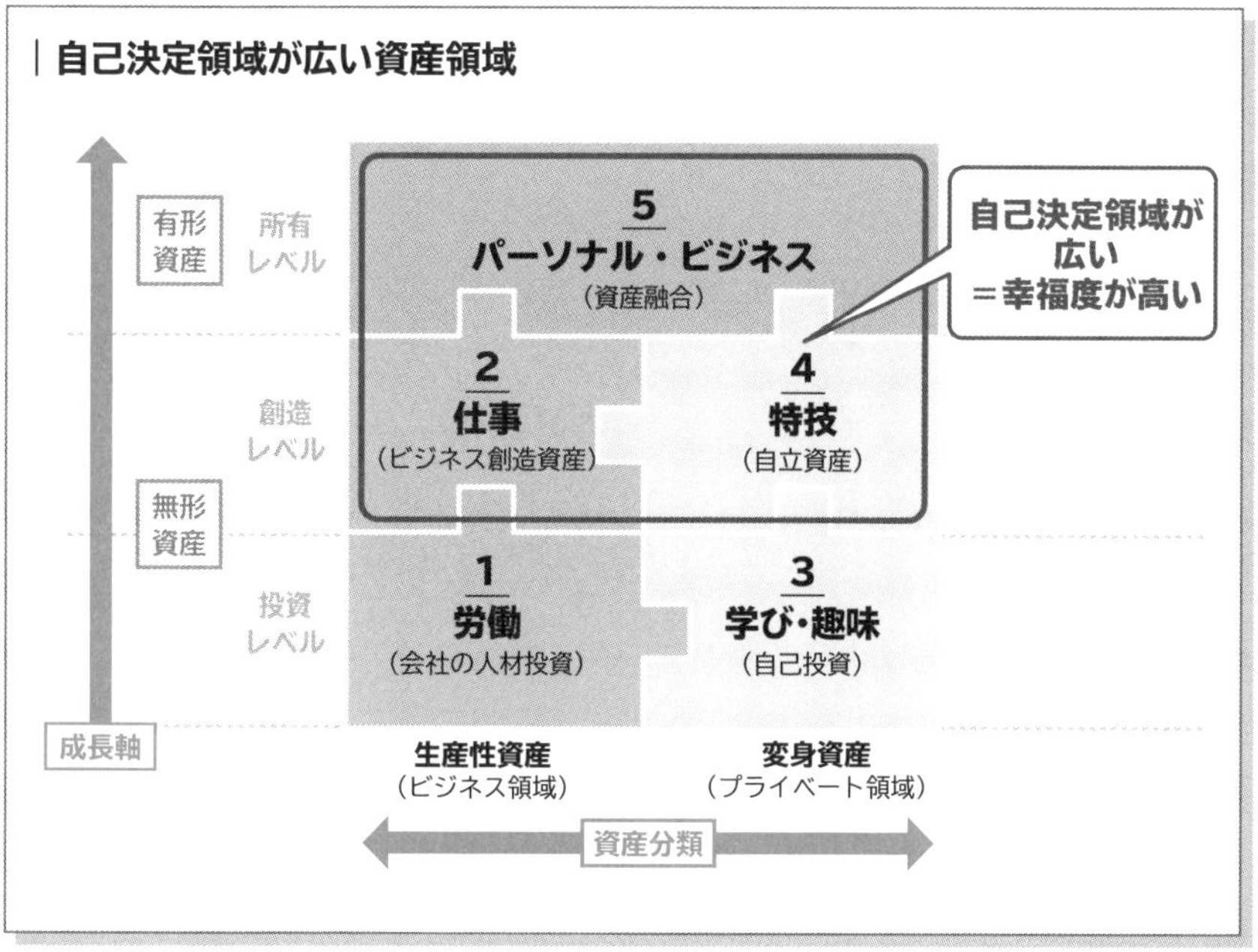
自己決定領域が広い資産領域
有形資産
所有レベル
創造レベル
無形資産
投資レベル
成長軸
5
パーソナル・ビジネス
（資産融合）
2
仕事
（ビジネス創造資産）
4
特技
（自立資産）
1
労働
（会社の人材投資）
3
学び・趣味
（自己投資）
自己決定領域が広い
＝幸福度が高い
生産性資産
（ビジネス領域）
変身資産
（プライベート領域）
資産分類

「自己決定」領域が広くなるかを考えて、その方向に進んでいけば、必ず充実した幸せな人生につながっていくということです。人生の選択を迫られたときには、このことをぜひ思い出してください。

とりわけプライベート領域は、誰に命令されたわけでもなく、自分が好きで選んでいるものばかりです。だから創造レベルへの成長のスピードも速いです。プライベート領域の活動はとくに大切にしてください。

それにしても、秋山さんの資産融合を見ていると、**人間は本来の自分に戻るために生きている**ように思えてなりません。秋山さんは、学生の頃から教えることが好きでしたよね。そこに戻った気がします。かつて、なりたかった自分に。

秋山　ああ、確かに学生の頃は、夢をあきらめて建設会社に入りましたが、人に教えたいと願った、あの頃の夢が見えてきました。本当に嬉しいです。

ライフキャリア行動3原則：他者と比較しない・仲間を作る・自己効力感を持つ

平賀所長　それでは、いよいよ最後のメッセージになります。秋山さん、ここまで講義を受けて、いかがでしたか？

秋山　いやー、ひとことでは言い表せないほど、たくさんのことを学ばせてもらいました。とくに、会社に閉じていた私のキャリア観を、人生全体にぐっと広げてもらいました。まるで目の前の視界がパァーッと開けた気分です。本当にありがとうございました。

平賀所長
そう言ってもらえると、私も嬉しいです。今後、秋山さんは新たな「ライフキャリア」のシナリオを歩んでいくわけですが、そのときに忘れないでほしいことが3つあります。

1つ目は、**自分の「ライフキャリア」を人と比べないこと**です。秋山さんの「ライフキャリア」は秋山さんだけのものです。同じようにほかの人の「ライフキャリア」はその人のものです。優劣はありません。自分の絶対基準で、幸せの「ライフキャリア」を創っていってください。

2つ目は、**ぜひ仲間を見つけて**ください。英語のfree（自由）という言葉は、ゲルマン語でfriend（友人）を意味する言葉に由来しているそうです。[*]自由でいることは、仲間がいないと成り立たないのです。お互いの「ライフキャリア」に共感する仲間を集めましょう。

ビジネス創造資産の＋40型チェックのところで感じたと思いますが、何でも一人でできる完璧な人なんていません。お互いの強みを相互に補完しながらチームでできればいいんです。そうやってお互いに依存し合いながら、自立し、自由になっていくものです。会社の看板ではなく、個人でつながる仲間が増えると幸福度も上がりますし、なにより心強いものです。

最後、3つ目です。秋山さん、今、私たち50代の日本人にいちばん必要な力って

＊デヴィッド・グレーバー／デヴィッド・ウェングロウ著、酒井隆史訳『万物の黎明』（光文社、2023年）、p.486参照

何だと思いますか？

秋山 えっ、いちばん必要な力ですか？　うーん、難しい。〝あきらめずに前に進む力〟ですか？

平賀所長 いい回答ですね。とても近いです。私たち50代に今いちばん必要な力は、エフィカシー（Efficacy）、つまり**自己効力感**です。「自分ならできる」と思う心ですね。とても似た言葉にエスティーム（Esteem）、自己肯定感がありますが、意味合いが少し違います。自己肯定感は「過去と現在の自分に対する自信」ですが、エフィカシー（自己効力感）は**「未来の自分に対する自信」**です。

日本の50代のサラリーマンは、この未来の自分に対する自信が低すぎます。長い間キャリアが会社内に閉じていたがゆえに、社会全体を俯瞰《ふかん》して自分の価値を正しく評価できなくなってしまっています。何十年も真摯《しんし》にキャリア資産を重ねてきたあなたは絶対に素晴らしいし、これから何でも実現できるし、幸せになる権利があります。ぜひとも最高のエフィカシーを持って、人生100年時代を生き抜く希望の「ライフキャリア」を歩んでいただきたいと思います。

以上で「ライフキャリア」の講義はすべて終了です。

秋山 平賀所長、ありがとうございます！　なんだか自信がつきました。未来に希望が見えて、ワクワクして楽しくなってきました。ここで学んだことを忘れずに、明日からさっそく「ライフキャリア」に取り組んでいきます。

秋山は平賀所長に別れを告げて、とても清々しい気持ちで新橋の白いビルを後にした。街並みも、道行く人々もなんだか今までと違って見えて、明日からの毎日が楽しみになる秋山だった。

エピローグ——襷《たすき》をつなぐ

秋山が「ライフキャリア研究所」で受講してから1年が過ぎた。

２０２５年1月初旬、秋山は平賀所長に新年のあいさつと近況報告をするため、再び新橋の白いビルを訪れていた。今回は一人ではなく、30代ぐらいのショートカットの女性が一緒にいる。

秋山　平賀所長、たいへんご無沙汰しております。お元気でしたでしょうか？

平賀所長　ああ、秋山さん、本当にお久しぶりです。おかげさまで変わりなくやっていますよ。秋山さんも、とてもお元気そうでなによりです。

秋山 ありがとうございます。平賀所長の講義を受けてから、早いものであっという間に1年経ちました。あの後もいろいろありまして、今日はぜひご報告をと思って伺いました。

平賀所長 ほお、そうでしたか。それはお聞きするのが楽しみです。「ライフキャリア」は順調ですか？

秋山 ええ。あれからＣＢＢで書いたことを一つずつ実行に移していっています。副業でビジネス研修の講師をやりながら、個人で初心者向けの財務と会計の勉強会を継続しています。そして、３カ月前、ついにあのときパーソナル・ビジネスとして描いた「数字が苦手なサラリーマンのための会計・財務の基礎知識が学べるコミュニティ」を立ち上げたんです！

平賀所長 たった１年でそこまで進みましたか。それはすごいな。

秋山 はい、所長から教えてもらったエフィカシーを意識して、根拠のない自信でどんどんチャレンジしていきました。頑張ってホームページも作りましたし、ＳＮＳも意識して使うようにしました。講義でやったＩＴリテラシーのスコアが低すぎたのがショックだったので、とくに頑張りました。

平賀所長 なんと、ITリテラシーまで、この短期間で習得したんですか。いやはや、すごい進歩ですね。

秋山 しかも、ブログや講義の文章では、ChatGPTなどの生成AIが大活躍していますよ。

平賀所長 おー、AIまで味方につけましたか。

秋山 おかげさまで、月額会費制のコミュニティのメンバーが30名まで増えました。ただ、私一人では限界があるので、ここにいる新島さんにいろいろ助けてもらっているんです。新島さんはコミュニティメンバーの一員で、私の苦手な画像の編集やイベントの管理などをやってもらっています。平賀所長から「共感する仲間を増やしなさい」って教えてもらったので、進んで声をかけたんです。

平賀所長 なんと！　仲間まで増えているんですね。もう、これは単なる副業ではなく、〝福業〟といっていいのではないでしょうか。まさに、幸福な仕事を生み出したといえると思います。

秋山 まさに。福業ですね。やっていて、幸せな感覚に満たされています。改めて、平賀さん、ありがとうございました。

さて、今日の本題ですが、実は、新島さんに「ライフキャリア研究所」をご紹介したいと思いまして。

新島　はじめまして。新島飛香と申します。ふだんは日用品メーカーの広報をしています。私も、これからのキャリアについていろいろ迷っていたのですが、秋山さんにこちらの研究所のお話を伺い、ぜひその講義を受けてみたいと思って今日はついてまいりました。

平賀所長　なるほど、受講希望者ですか。秋山さんのご紹介なら喜んでお受けしますよ。ぜひ来週からでもいらしてください。

新島　本当ですか！　とっても嬉しいです。イキイキといろいろなことにチャレンジされている秋山さんを見ていて、私も自分の「ライフキャリア」を創ってみたくなったんです。よろしくお願いします。

秋山　平賀所長、私からもお願いします。
あともう一つ、お伝えしたいことがありまして。

平賀所長　なんですか？

秋山　私の「パーソナル・ビジネス」の目標がもう一つ増えたんです。それは書籍の出版です。私は本が大好きで、小さい頃からたくさん読書をしてきました。いつか自分の本を出してみたいとずっと思っていたのです。

ただ、それは私のような普通のサラリーマンには手の届かない夢のようなものでしかありませんでした。でも、1年前に自分の「ライフキャリア」を描いて、実際にどんどん新しいことにチャレンジしていくに従って、本も出版できるんじゃないか、と思うようになってきたんです。だからコミュニティの次の目標は、ビジネス書の出版と決めました。

平賀所長　それは素晴らしいことですね。秋山さんなら必ず実現しますよ。こうやって、キャリア資産がどんどん蓄積されて資産融合していくんです。応援しています！

秋山と新島を見送った平賀は、満たされた気持ちでいっぱいになっていた。ライフキャリア研究所を卒業した生徒たちが、次々、人生の第2幕をワクワクしながら実践し始めている。平賀が始めた日本のサラリーマンを元気にするプロジェクトの襷《たすき》は、さらに新たな生徒によって、つながっていくことだろう。

平賀は、今日やって来る新しい生徒のために、コーヒーを淹《い》れた。

解説

資産融合し、「福」業を成す

最後に、資産融合のコツについて解説していきます。

物語の最後、秋山が平賀所長と共にパーソナル・ビジネスを導くワークシートを作り上げていきました。読者の方の中にも、実際にワークシートに書き込み、秋山のように将来のパーソナル・ビジネスが見えてきた人がいることでしょう。

このワークシートを使って現実に研修を行ってきた経験から、次の3つの点について解説していきます。資産融合のコツを摑《つか》んでいただければと思います。

①ライフキャリア設計の公式
②パワーの強い「資産」を見つけ出す
③強いパワーのある資産を融合せよ

さらに、人生100年の時間軸をどう捉え、戦略的にライフキャリアを構築すべきかについても考えていきましょう。

1 ライフキャリア設計の公式

キャリア・ビルディング・ブロックの中で、投資レベルの「労働ブロック」と「学び・趣味ブロック」では仕事や人生経験の幅を見ています。これまで多様な事象を見聞きし、経験してきたことは、資産になりうるものであり、そのカケラを逃さないためです。

ワークシートで、ビジネス創造資産に関しては＋40型からチェックできる形にしていますが、それ以外の資産になりうるものを、サラリーマンはたくさん持っています。「労働ブロック」と「学び・趣味ブロック」の中から突出した特技を顕在化させるために、平賀所長はワークシートですべての経験を棚卸しし、「一番の強みはどれですか？」という形で、創造レベルに到達した資産（価値）を見つけ出そうとしています。

さて、ここで資産として見出されたものは、ビジネスを生み出すうえで大事な「ビジネス創造資産」と幸福感醸成の素となる、特技としての「自立資産」です。これらを資産融合させます。したがって、ライフキャリアにおける設計の公式は次のようになるでしょう。

ライフキャリア設計の公式

ライフキャリア＝ビジネス創造資産（仕事＝事業立案・実行力）×自立資産（特技＝幸福感の素）

この結果、幸福感をともなった小さなパーソナル・ビジネスが生み出され、年金、退職金に次ぐ第3の収益柱が作られる、という筋書きです。

2 パワーの強い資産を見つけ出す：パワー指数2・0以上の資産に着目せよ

さて、物語の中で、平賀所長は「一番の強みは？」という問いから、資産融合の候補となる資産を選んでいきました。しかし、もっと確実な方法があります。第2章で解説した「キャリア資産の成長5段階」にパワー指数というものがありました。これは、資産の強さを示す数値で、成長レベルによって指数は変化します。これで資産の強さを数値化して、強さを明確にするのです。

たとえば、成長レベル1の「知る」の場合、パワー指数は0・5になります。知っているだけのレベルでは、資産を融合すると半減してしまうのです。順を追って説明すると、成長レベル2の「一緒にやる」、いわゆるOJTの状況だと、パワー指数は1・0となり、融合してもパワーは変わりません。

変化が生じるのは、成長レベル3以上です。成長レベル3の「一仕事する」では、パワー指数は2・0となって、掛け算すると資産は倍になります。成長レベル4の「教える」では、パワー指数は3・0となり、成長レベル5「つくる」では、パワー指数は5・0となります。

融合すべき資産は、パワー指数が2・0以上のものです。パワー指数が2・0以上のものは

「磁力」があります。ほかの資産を引き寄せて、さらに強い資産価値を生み出す柱になるのです。

　自分の資産が「成長5段階」のどのレベルにあるのかを確認し、**パワー指数2・0以上の資産を選抜して、どの要素を合わせたら資産パワーが最大化するのかを定量的に把握してみましょう。そして、仕事と特技の最大パワー指数同士を掛け合わせたら、どのようなビジネスが成立するかを考えてみましょう。**

③強いパワーのある資産を融合せよ

　資産の融合に関して、ビジネス創造資産と自立資産から一つずつ選ぶ必要はありません。ここにルールはありません。掛け算できる資産は、

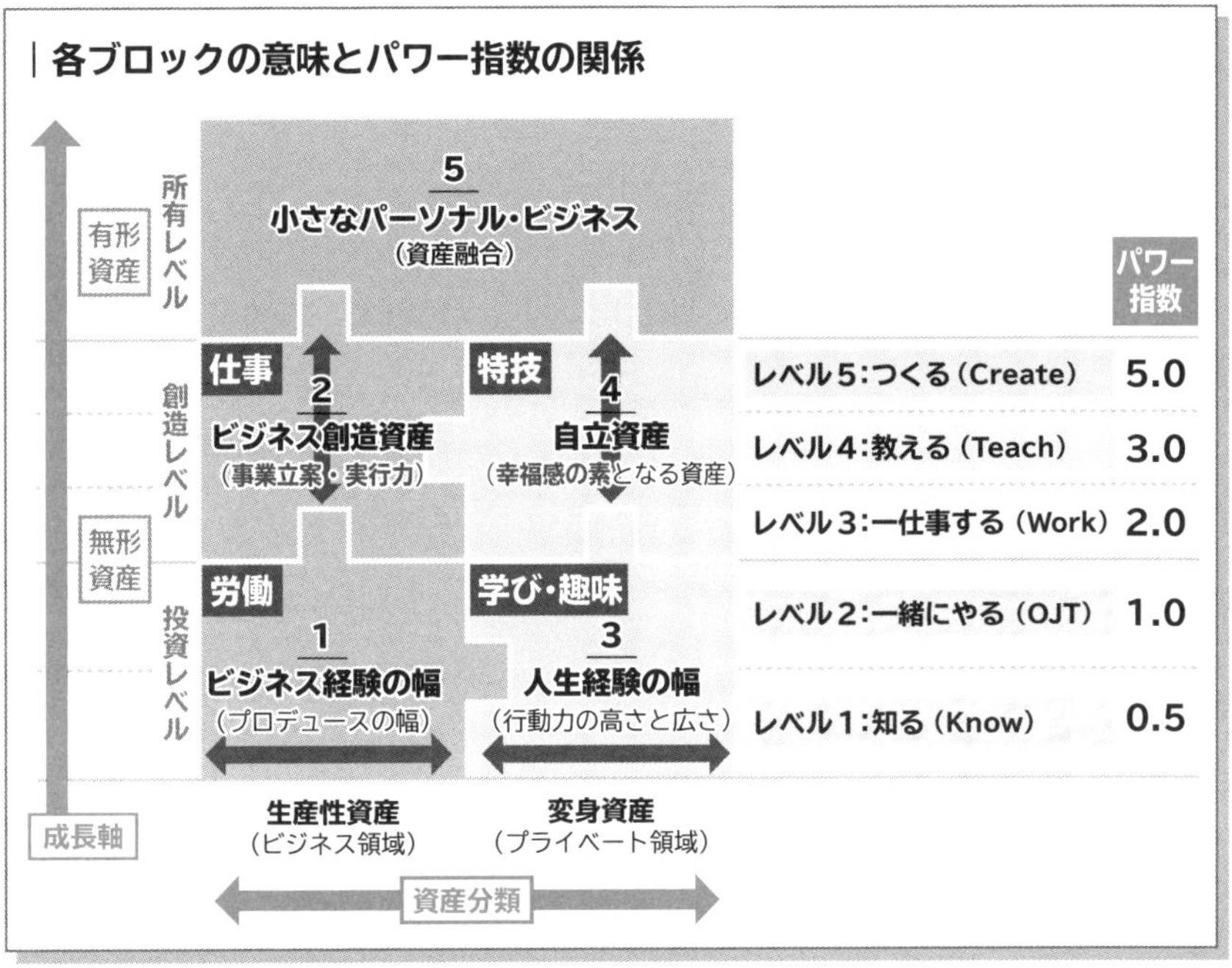

いくつでも掛け合わせてください。

たとえば私（原尻）は、特技の領域で、「歩く」と「教える」という資産レベルが高い。そして、ビジネス創造資産の「人を育てる」「好奇心を持ち続ける」が高い。この４つの資産を融合させて、「歩きながら、自分の感度に引っ掛かるものを発見して、そこから探究する学びにつなげる」小さな事業（一般社団法人みつかる＋わかる）を立ち上げました。

皆さんが組み合わせられるものは、何でも取り入れる。しかも、**パワー指数が高いものに注目して、融合の思考実験をしてみる。すると、いろいろな未来の可能性が浮かんでくるのです。**

ライフキャリアについて話をしていると、特技を純粋に楽しみたい、金儲けにしたくない、と考える人もいます。しかし、その考えにはいくつかのリスクがあります。

まず、この考えを持つ人は通常、ビジネスの分野での成功に自信を持っています。そのため、プライベート領域になる特技を使っての収入を追求する必要はない、と考えがち。しかし、ビジネスは変化が早く、技術革新も急速です。年をとってから最新の動向に追いつくのは難しく、競合もたくさんいて、リスクが高まります。

一方で、特技で莫大な収入を得ることを意識している人もいます。しかし、私たちが考えているのはビッグビジネスではなく、**自分の特技を活かした小さなビジネス**です。特技を余暇だけでなく、ビジネス資産と融合し、自分のやりたいことで、小さな収入と幸福感の両方を得られると考えています。決して収入第一主義・幸福感度外視にならないように、常にバランスに注意してください。

人生シナリオ｜100年を2幕の演劇として構成する

最後に、ライフキャリア構築のシナリオについて検討していきます。

人生100年は長いです。この時間を演劇にたとえるとわかりやすいかもしれません。人生**80年時代は1幕で一気に演じ切る演劇構成**でした。しかし、**人生100年時代では2幕構成になると考えればイメージしやすい**はずです。**2幕の「人生」という演劇は、第1幕があり、少し幕間《まくあい》があって、第2幕になるという構成**です。

この演劇の2幕構成をライフキャリアのシナリオに当てはめると、次のようなイメージが湧いてきます。

第1幕――誕生～50歳（50年）

誕生～学生時代　学びや趣味に打ち込んで、特技といえるものを作れたら素晴らしい。

会社時代（20～30代）　出世や高い給与をモチベーションにして取り組むのもいい。とにかく、仕事の流れの全体を把握し、現場を任せられるようになるまで頑張る時期。

会社時代（40代）　課長・部長としてチームを指揮し、事業計画の設計・運営・管理を経験。ビジネス創造資産を経験から蓄積する。

幕間——50歳〜60歳（10年）

会社の出世レースの結果が見えたタイミングで、第2幕の準備にモードチェンジを行う。これまで取り逃してきたビジネス創造資産を、この10年で貯められるだけ貯めるとともに、特技を再度見直して、楽しみながらゆったりと10年で磨きをかける。

第2幕——60歳〜100歳（40年）

特技とビジネス創造資産を融合させて、やりがいのある小さな事業（第2幕）を開始する。これは思いっきり稼ぐというよりも、生きていくうえで、イキイキしていられる場を持つこと、小さくても収益があることによる「小さな安心」を自ら生み出せたことに対して「小さな自信」を持つことで、充実した時間を自ら作り出すことに意味がある。

これはあくまで一つのイメージです。人生のシナリオは、人の数だけ存在します。

私が最後に言いたいのは、**あなたの人生の主人公はあなた自身である**、ということです。

多くの人々にとって、第1幕は、会社に雇われて給料をもらう立場でした。見方を変えると、資産を貯めて、第2幕に活かす準備期間だったともいえます。あなたの人生の本番は第2幕からです。自分が監督で、自分が主演の演劇の始まりです。

これまで見てきた幸福であることの前提条件は、「自己決定権の領域を持つこと」「特技を人に教えること」「本当にやりたかったことに時間を割くこと」です。

これらの前提を踏まえると、自分が好きなことを特技とし、それに打ち込む時間と投資を惜しまないこと。そして、その特技を人に教えること。その際、少しだけビジネス創造資産をまぶして、小さな事業にすること。そうすれば、お金の不安も払拭《ふっしょく》され、今よりもはるかに幸福感に満たされた人生になるはずです。

人生は、その人の命がイキイキと輝くためにあります。今からでも遅くはありません。第2幕のシナリオを描き、その準備を、会社にいるうちに始めましょう。

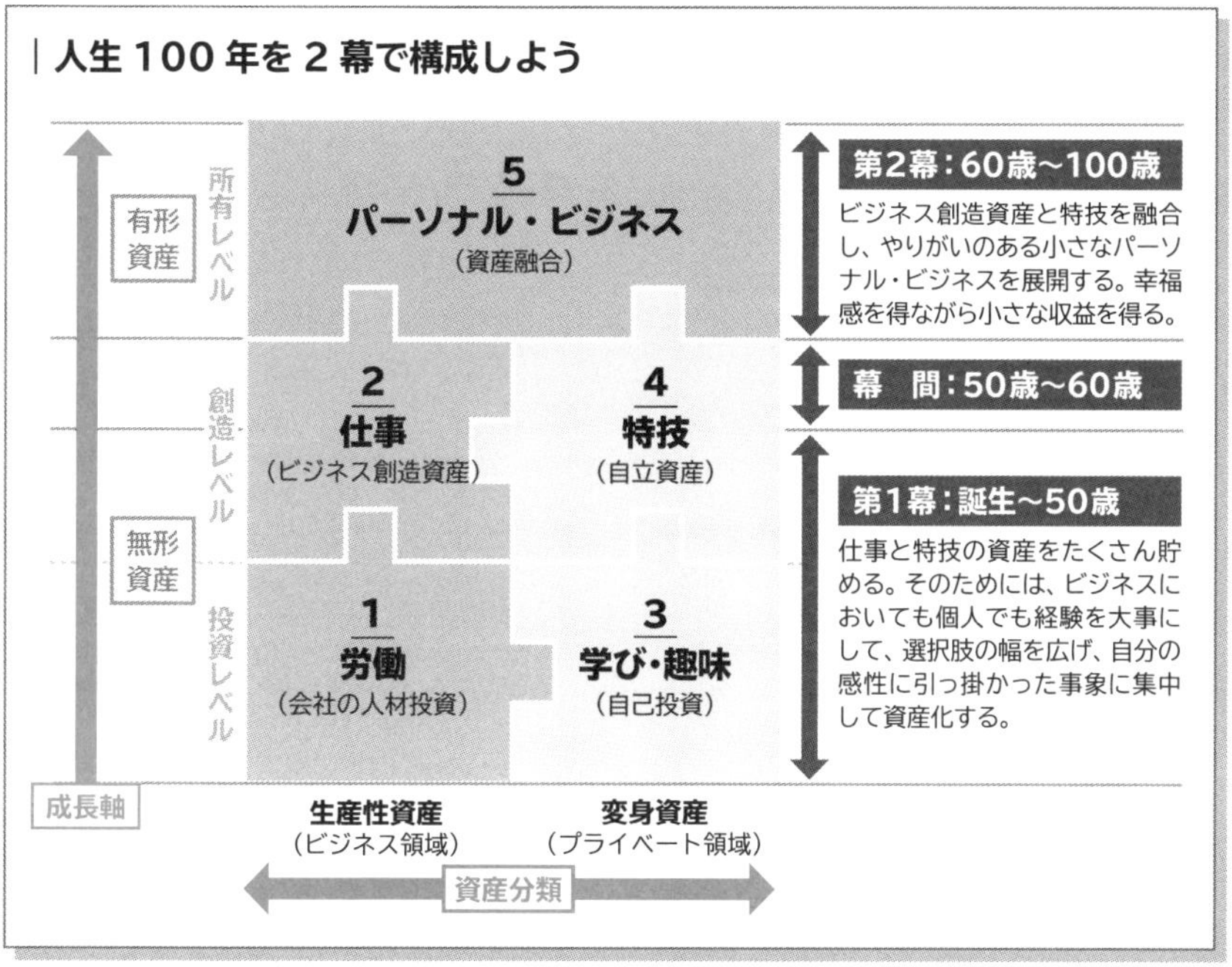
人生100年を2幕で構成しよう
所有レベル
有形資産
創造レベル
無形資産
投資レベル
成長軸
5
パーソナル・ビジネス
（資産融合）
2
仕事
（ビジネス創造資産）
4
特技
（自立資産）
1
労働
（会社の人材投資）
3
学び・趣味
（自己投資）
生産性資産
（ビジネス領域）
変身資産
（プライベート領域）
資産分類
第2幕：60歳～100歳
ビジネス創造資産と特技を融合し、やりがいのある小さなパーソナル・ビジネスを展開する。幸福感を得ながら小さな収益を得る。
幕　間：50歳～60歳
第1幕：誕生～50歳
仕事と特技の資産をたくさん貯める。そのためには、ビジネスにおいても個人でも経験を大事にして、選択肢の幅を広げ、自分の感性に引っ掛かった事象に集中して資産化する。

おわりに

最後までお読みいただき、ありがとうございました。平賀所長のナビゲーションに導かれながら、秋山と共にキャリア・ビルディング・ブロックのワークを体験した読者のあなたは、今現在の資産を活かした未来の可能性がおぼろげながら見えてきたことでしょう。
最後に、私たちがこのキャリア・ビルディング・ブロックに込めた、隠れた「意味」をお伝えし、本書を締めくくりたいと思います。それは真に**「自由」を獲得する**ことについてです。

次の図を見てみましょう。

これは、キャリア・ビルディング・ブロックの奥に潜む、私たちが読者に伝えたい重要な「意味」を対比構造で表したものです。
労働ブロックには「自衛」、仕事ブロックには「自営」、学び・趣味ブロックには「自律」、特技ブロックには「自立」、そしてパーソナル・ビジネスブロックには「自由」が対応しています。「それぞれのブロックの資産を組み合わせて、自分だけの小さな事業を作ろう」という提案が本書のコアメッセージですが、その奥には、実は5つの「自」から始まる「意識変革」のキーワードがあります。

まず、ビジネス領域において**「自衛（Self-defense）」**は、人生100年時代の変化に対応

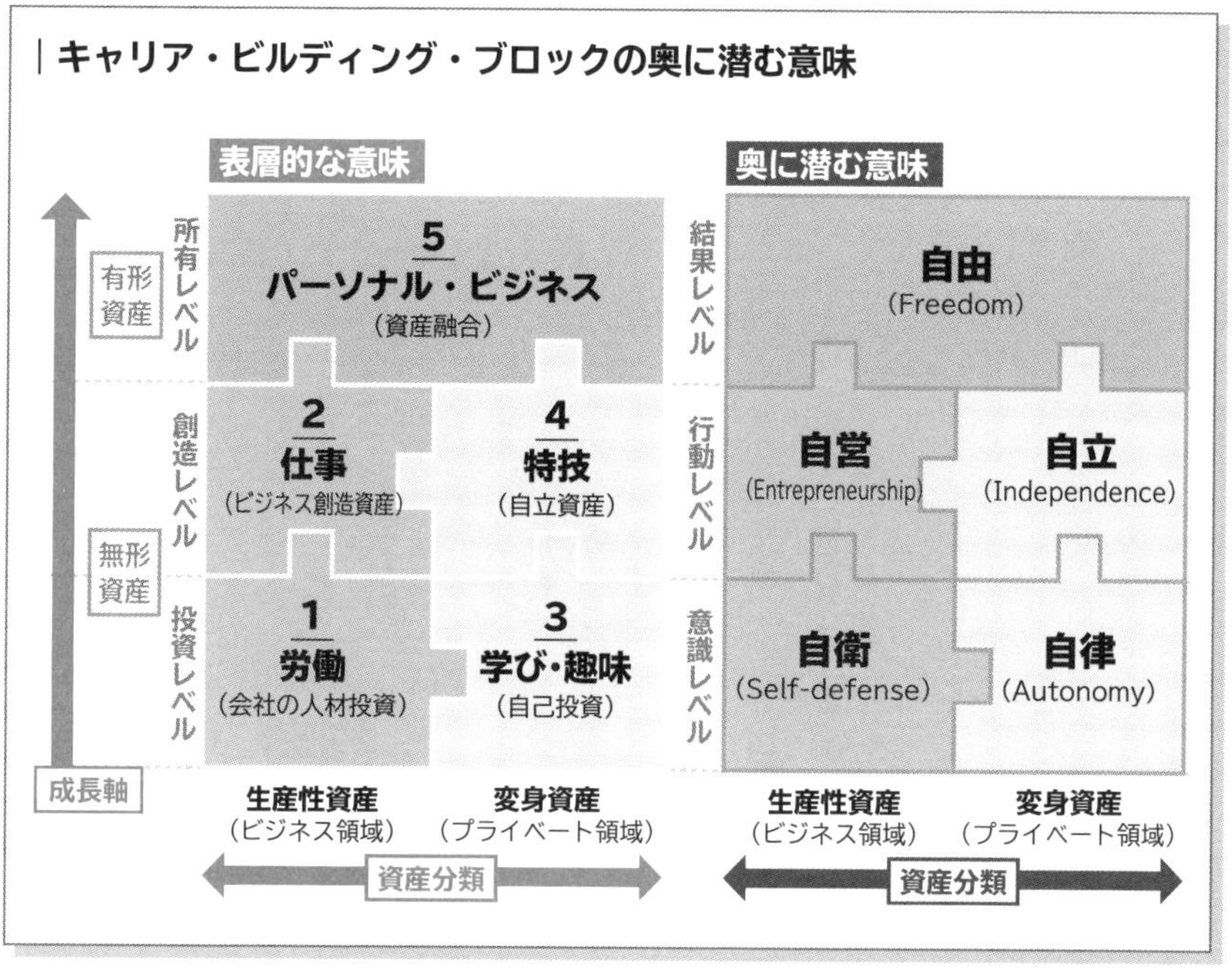
キャリア・ビルディング・ブロックの奥に潜む意味
表層的な意味
奥に潜む意味
有形資産
無形資産
成長軸
所有レベル
創造レベル
投資レベル
5
パーソナル・ビジネス
（資産融合）
2
仕事
（ビジネス創造資産）
4
特技
（自立資産）
1
労働
（会社の人材投資）
3
学び・趣味
（自己投資）
生産性資産
（ビジネス領域）
変身資産
（プライベート領域）
資産分類
結果レベル
行動レベル
意識レベル
自由
（Freedom）
自営
（Entrepreneurship）
自立
（Independence）
自衛
（Self-defense）
自律
（Autonomy）
生産性資産
（ビジネス領域）
変身資産
（プライベート領域）
資産分類

し、困難な状況を切り抜けるための重要な意識です。現代社会は急速に変化し、柔軟性や適応力が求められます。また、自然災害などのリスク要因も存在します。その意味で、自己防衛として、継続的な学びやスキルの向上が必須であり、困難に冷静に対処する力を養うことが重要です。

次に、**「自営（Entrepreneurship）」**の意識です。長い間サラリーマンをしていると、自らミッションを掲げて、事業を生み出すマインドが低下しています。会社に居つつも、自分のアイデアやスキルを活かし、起業やフリーランスなどの〝自営マインド〟で、新たな挑戦に取り組む意識を持ち続けることが重要です。リスクを冒しながらも、自分のビジョンを追求することで、独自のキャリアパスを築く訓練になります。

プライベート領域では、**「自律（Autonomy）」**が個人の成長と独自のキャリア自ら形成を育むキーワードです。自律性は、他者や社会の期待に応じるのではなく、個々の価値観や目標に基づいて行動する能力を指します。自分の信念や情熱に従い、独自の視点から物事を捉えることが、充実感と達成感をもたらし、人生の第2幕において方向性を示す大きな柱となります。

そして、特技の奥に潜む**「自立（Independence）」**の意識は、ライフキャリア・デザインの基軸となるものです。特技を活用して自ら生計を立てる意識は、会社という後ろ盾がなくても自分だけで生きていける自信につながるものです。

最後に、**「自由（Freedom）」**が、ライフキャリアにおける締めくくりとなります。自由は、ビジネス領域とプライベート領域の資産を融合しながら、自分の生き方や進むべき方向を自ら選択した結果、体の中から立ち現れてくるものです。

他者の評価に縛られず、自分の価値観に基づいた選択を行うことで、真に充実した人生を築くことが可能になります。これらのキーワードを踏まえた統合的なアプローチを通じて、読者の方々が自らの人生をデザインし、充実感と幸福感を追求されることを期待します。

最後になりますが、本書の編集を担当してくださったプレジデント社の村上誠さん。時に迷い、時にぶれる著者の2人を、辛抱強く、的確なアドバイスで、灯台のように導いていただきました。村上さんがいなかったら、この本は出来ていません。本当にありがとうございます！

本書を手に取った読者の皆さんが、自らを知り、自らの道を切り拓く冒険に乗り出し、将来にわたって持続可能な幸福を築いていくことを心から願っています。

２０２４年３月

原尻《はらじり》淳一《じゅんいち》
千葉《ちば》智之《ともゆき》

巻末付録

補足資料1

ビジネス創造資産トレーニング・アイデア

LIFE CAREER

第3章で触れた「ビジネス創造資産」は、会社にいる間に蓄積しておきたい、ビジネスを生み出すために必要な資産のことです。このビジネス創造資産を蓄えるために、会社にいる間にどのようなことを考え、どう行動し、どの本を読めばヒントが得られるのか、まとめてみました。＋40型チェックで丸がつかない部分を補うためのヒント集として活用してください。

課題発見力

1　社会的課題や生活者の課題を発見できる

社会的課題や生活者の課題を見つけることは、事業を構想する第一歩です。課題の発見により、新たな製品やサービスを開発し、市場での競争力を高めることが可能になります。また、課題発見はイノベーションの源泉です。課題を解決するための対処が新しいアイデアや技術を生み出し、新規市場を開拓することにつながります。

〈トレーニング・アイデア〉

現場に出向いて、関係者と対話し、情報交換をしましょう。テレビや新聞、SNSなど、メディアの情報ではなく、自分の眼で見て、現場で感じたことを大事にしましょう。自分の身体で確かめたものこそが真実です。現場で感度を高め、自分のセンサーを鍛えましょう。

【参考図書】くらたまなぶ『MBAコースでは教えない「創刊男」の仕事術』（日本経済新聞出版）、比嘉夏子他『地道に取り組むイノベーション』（ナカニシヤ出版）

2　観察力がある

観察力はビジネスに不可欠なスキルです。市場のニーズを汲み取り、顧客の動向を見極める。この観察眼が競合分析や商品改善に役立ちます。問題発生時にも観察力は有効です。周囲の状況を把握し迅速に解決策を見つけることが、ビジネス成功の鍵となります。

〈トレーニング・アイデア〉

定点観測をしてみましょう。同じ箇所を見続けることで、問題や変化が見つけやすくなります。たとえば、スーパーの野菜売り場に毎週通っていると、何が旬の野菜で、値段がどのように変化していくのか、また、気象の影響で売り場がどのように変化していくのか、よくわかるようになります。

【参考図書】コナン・ドイル『緋色の研究』（新潮文庫）、佐渡島庸平『観察力の鍛え方』（SBクリエイティブ）

3　アナロジー（類似思考）がある

アナロジーとは、過去の経験や異なる業界の成功事例から類推し、類似点を見つけ出すことで、新たなビジネス課題を発見し、類似の奥に潜む「本質」を見出す思考法です。たとえば、別業界の技術や戦略の本質を見出し、自社の業務に適用することで、イノベーションや効率化のポイントを発見し、問題解決の新たな方法を提示することができます。アナロジーは、過去の成功や異なるコンテキストから学び、ビジネスの新しい課題解決の道を開拓する手助けをするものです。

〈トレーニング・アイデア〉

似ているものを集めて、構造やメカニズムがどうなっているかに着目してみましょう。たとえば、地下鉄の路線図と粘菌の広がりはなぜ似ているのか（表層的類似）、料理のレシピと旅行パンフレットは見た目が違うものの、テーマや値段、スケジュールや工程表など、パーツは似ている（構造的類似）。

【参考図書】細谷功『アナロジー思考』（東洋経済新報社）

4 インサイト分析の知識がある

顧客や市場に対する深い理解から生まれるインサイトは、潜在的な問題点やニーズを浮き彫りにし、ビジネス上の課題を明確化します。まだ顕在化していない顧客の行動や嗜好から、新たなビジネス機会や改善点を発見するのです。インサイトは、ビジネスにおける課題発見力を高め、思いがけない戦略やアプローチを編み出します。

〈トレーニング・アイデア〉

「なぜ？」「なぜなら、こうだから？」「それはなぜ？」と5回深掘りしてみましょう。表層的な解決策ではなく、本質的な課題を導き出し、根っこから解決していく癖をつけるようにしましょう。

【参考図書】桑原晃弥『トヨタ式5W1H思考』（KADOKAWA）

5 「不思議」をアーカイブする習慣がある

過去の不思議や疑問、面白かったことや感動したことを記録していると、思わぬ瞬間に書き留めた情報同士が融合することがあります。アーカイブの効果とは、情報や経験が結びつき、新たな事業のヒントが発酵する源泉になることです。

〈トレーニング・アイデア〉

「おや？」と思ったら必ずスマートフォンで写真を撮る習慣をつけましょう。それはあなたの感情のセンサーが反応した瞬間で、心が動いた証《あかし》です。自分のセンサーを信じて、写真を撮り溜めましょう。そして、改めて見直してみましょう。通勤時間にスマートフォンで漫画やゲームに時間を割くのではなく、改めて写真を見返して、自分のセンサーが捉えたものの意味を考えてみましょう。

【参考図書】ウォルター・アイザックソン『レオナルド・ダ・ヴィンチ（上・下）』（文春文庫）

6 リフレーム（意味の変換）ができる

リフレームは、新たな視点や解釈を持ち、問題や状況を刷新する思考法です。ビジネスにおいては、困難な状況を新たな機会に変え、課題を創造的な解決策へと転換する手段として重宝します。また、問題解決において、異なる視点からのアプローチを取ることで、効果的な解決策を見つけ出すことができます。

〈トレーニング・アイデア〉

まず、一つの業界の常識に染まりきってしまった自分から離れる必要があります。異なる業界の人の視座や考え方を学び、それを自分の業界に映してみる習慣を持ちましょう。すると、自分の業界ではまったく考えもしなかったイメージが湧いてきますし、他の業界でも通じるビジネスの本質が見えてきます。

【参考図書】東豊『リフレーミングの秘訣』（日本評論社）

7 当たり前を疑える

疑問を持ち、従来のやり方や慣習に縛られず、常に改善や革新を模索する姿勢は、新たなアイデアや事業構想を考えるうえで大切なスタンスです。当たり前を疑うことは、これまでの前提を壊すきっかけになり、新たな視点を得て業界の常識を覆し、新たな顧客を生み出します。事業の新陳代謝を促し、変わり続ける組織作りに必須の考え方です。

〈トレーニング・アイデア〉

日常の中で、「なぜ?」や「どうして?」と自分に問いかける癖をつけましょう。たとえば、ルーティン化された会社の習慣に対して、「なぜこのような形なのか?」と疑問を持ってみることです。なぜ、会議がダラダラするのか。なぜ、前年同期比よりも高い売り上げが求められるのか。

【参考図書】澤円『「疑う」からはじめる。』（アスコム）、ハンス・ロスリング他『FACTFULNESS』（日経BP社）

8 物事を構造的に捉えられる

構造的視点を持つことで、複雑な問題やプロセスを整理し、把握することができます。これにより、どこに課題が潜んでいて、どう解決すればいいかがわかりやすくなります。また、戦略立案や意思決定において、全体像を把握しやすくなります。構造化されたアプローチは、優先順位をつけたり、目標を達成するための計画を立てたりする際にたいへん役立ちます。

〈トレーニング・アイデア〉

自分が関わっている仕事のプレイヤーをすべて書き出して、お金の流れと役割を図解化してみましょう。当事者として関わるビジネスの構造を知ることがまず重要です。その後、自分が注目しているビジネスや取り組みの構造を図解化してみましょう。

【参考図書】近藤哲朗『ビジネスモデル2・0図鑑』（KADOKAWA）

ビジネス構想力

9 新規ビジネスやプロジェクト全体の統括を経験している

プロジェクトを一仕事経験している事業統括者は、過去の経験と照らし合わせながら、全体像を把握し、仕事をスムーズに遂行するためにさまざまな側面を考慮することができます。また、統括者はリスク管理や課題の予見、リソースの最適利用などに長けており、これらはプランニングを行ううえで不可欠な要素です。過去の成功や失敗から学び、より実践的な計画を立てる能力を身につけています。

〈トレーニング・アイデア〉

自分の役職の一つ上の立場で常に現場を見渡す癖をつけましょう。平社員であれば、課長の視点。課長であれば、部長の視点。部長であれば、執行役員の視点。すると、ビジネス全体を俯瞰《ふかん》して見られるだけでなく、自然と自分の役割や動き方が見えてくるものです。

【参考図書】三枝匡『戦略プロフェッショナル』（日経ビジネス人文庫）、エリヤフ・ゴールドラット『ザ・ゴール』（ダイヤモンド社）

10 スタートからゴールまでイメージが描ける

目標を明確にし、それを達成するためのステップを具体的に考えられることは、たとえそれが小さな事業であっても大事です。イメージすることで、どのような道のりが必要かを見極め、途中で起こる問題にも柔軟に対処できる計画を作成することができるからです。そのため、ゴールに向かって着実に進むことができるのです。

〈トレーニング・アイデア〉

一つの商品、サービスを選び、それらを成立させるためのサプライチェーンを描いてみましょう。原料から加工し、販売するまでの流れを全体で俯瞰できるようになり、さらに、そこにどのようなパートナーが絡《から》んでいるかを知ることから始めてみましょう。

【参考図書】苦瀬博仁編著『サプライチェーン・マネジメント概論』（白桃書房）

11 ビジネスモデルの構造を描ける

ビジネスモデルの構造に精通している人は、ビジネスプランを作るのが得意です。彼らはどのように利益を生み出し、どんなコストがかかるかを把握しているため、ビジネスの成長や成功に向けた効果的な戦略を考えることができるのです。

〈トレーニング・アイデア〉

常にコスト意識を持ちましょう。原価を知ることがビジネスの基本です。休日に家族のために料理を作って、パートナーにいくらで買ってもらえるか、質問してみましょう。自分の想定した値段よりも高かったら、あなたのビジネスはうまくいったことになります。日常の会話からでも、ビジネスセンスを磨くことはできます。

【参考図書】アレックス・オスターワイルダー&イヴ・ピニュール『ビジネスモデル・ジェネレーション』（翔泳社）

12 新しいコンセプトを生み出すことができる

コンセプトとは、事業の「柱」のようなもの。考えがブレたときに、元に戻る道標になるものです。新しいコンセプトは、独自のアイデアを基に、斬新なビジネスモデルや戦略を構築しやすく、市場で差別化したり、革新的なサービスを展開したりすることができます。

〈トレーニング・アイデア〉

自分が面白いと思ったことを仕事と掛け合わせてみましょう。仕事と掛け合わせてみたとき、どんな面白いアイデアが生まれるか、ゲームのように楽しんでみましょう。

【参考図書】加藤昌治『考具』（CCCメディアハウス）

13 マネタイズの方法を体得している

マネタイズ手法を理解した人は、収益化の道筋を見通し、ビジネスのアイデアを収益に変換することが得意です。顧客の支払い意欲や市場の受容性を理解し、収益源を明確にでき、堅実なビジネス戦略を立てることができます。適切な価格設定やマーケティング手法を導入することで、その結果、企業に売上・利益をもたらすことに貢献できるのです。

〈トレーニング・アイデア〉

買い物をするたびに、課金ポイントを意識するようにしましょう。とくに、ウェブの課金ポイントは多種多様です。ストレスのある買い物は課金ポイントが面倒で、途中で嫌になります。消費者として、スムーズな買い物はどういったものかを意識し、自分のビジネスに応用できるようにしましょう。

【参考図書】川上昌直『課金ポイントを変える利益モデルの方程式』（かんき出版）

14 フレームワークを熟知している

フレームワークは、「物事の本質や構造を理解し、わかりやすく説明するための〝枠組み〟のこと」です。フレームワークに精通した人は、体系的なアプローチで情報を整理し、ビジネスを明確にします。フレームワークを用いることで、ビジネスの各要素を総合的に捉え、相互の関連性を理解することができます。

〈トレーニング・アイデア〉

ビジネスを眺める際に必要な眼鏡として、フレームワークの含蓄を深めておきましょう。フレームワーク（＝本質）をビジネスにマッピングして、観察すると、何らかの異常がどこにあるのかが見えてくるはずです。フレームワークをたくさん理解していればいるほど、ビジネスを見つめる分析眼が養われるでしょう。

【参考図書】三枝匡『ザ・会社改造』（日本経済新聞出版社）、原尻淳一『ビジュアルマーケティング・フレームワーク』（日経文庫）

15 座学と現場で鍛えられたリテラシーがある

実践で培《つちか》った知識や経験は、理論だけでは得られない実地の洞察力を提供してくれます。現場を経験している人は市場や業界のニーズを肌感覚で把握し、顧客の視点から課題を見つけやすく、それに基づいた戦略を構築できます。この座学と現場の情報や気づきを行ったり来たりさせることで、実践的なリテラシーが磨かれていきます。

〈トレーニング・アイデア〉

現場で気づいたことを必ずメモするようにしましょう。そして、メモしたことをネタに、上長や仲間と話してみましょう。すると、さまざまな付帯情報が出てきます。それを自分の言葉でまとめて、現場の知として保存するようにしましょう。

【参考図書】遠藤功『現場力を鍛える「強い現場」をつくる7つの条件』（東洋経済新報社）

16 ― 必要な法律や会計知識などがある

法律の知識はリスク管理や法令遵守に役立ち、会計知識は財務の健全性を保ちます。法的リスクや財務面での課題を把握し、適切な戦略を描くことは、ビジネスの信頼性を高めます。企業の信頼や安定を保つためには、法律的規制を考慮に入れたプランや、会計的な側面を踏まえた収支計画が必要不可欠です。

〈トレーニング・アイデア〉

弁護士、会計士の友達がいると心強いでしょう。何かあれば、すぐに質問し、答えがもらえる仲間がいるだけで頼りになります。会社においても、法務や財務の方々と気軽に食事に行ける関係になっておくことは、ビジネスをスムーズに進めるうえで大事なことです。

【参考図書】大手町のランダムウォーカー『世界一楽しい決算書の読み方』（KADOKAWA）

チーム実行力

17 ― 仕事終わったら必ず総括する

プロジェクトや事業年次が変わるタイミングで成果や課題を共有し、改善点を見つけ、次のビジネスにつなげるフィードバックを行うことは、チームを強く成長させます。チームメンバーは自身の進捗や課題を理解し、他のメンバーの視点も把握できるメリットがあります。このプロセスは、チームのコミュニケーションを促進し、一体感を高め、次回のタスクやプロジェクトに活かされます。総括は教訓を共有し、効果的な戦略やプロセスを確立するための重要なステップであり、チームの成長とパフォーマンスを向上させます。

〈トレーニング・アイデア〉

自分の行為を注意深く観察することから始めてみましょう。そして、何がよくて、何が悪かったかを総括して、次の日の自分のあり方を少しずつ改めてみましょう。つまり、自分自身をマネジメントするということです。自分自身をマネジメントできなくて、チームをまとめることができるでしょうか。

【参考図書】安冨歩『ドラッカーと論語』（東洋経済新報社）、戸部良一他『失敗の本質』（ダイヤモンド社）

18 ― 衝突を恐れず建設的議論ができる

議論の衝突を恐れないチームは、異なる視点やアイデアを尊重し合う文化を持ち、成長と革新を促進します。衝突を避けず、建設的に議論することで、新たなアイデアが生まれ、問題解決に寄与《きよ》します。異なる意見を尊重し、受け入れることで、より多様な視点が得られ、よりよい意思決定をすることができます。これにより、チームはより創造的で柔軟なアプローチを取り、困難な状況にもより効果的に対処できるようになるのです。

〈トレーニング・アイデア〉

相手の意見を暗に批判せずに、一度呑み込んで、自分のアイデアを再構成する癖をつけてみましょう。一度呑み込む作業は、相手の感情を安定させます。そして、違うピースを相手の意見も踏まえて再提案することは、相手に検討する気持ちを抱かせます。建設的な議論は、批判ではなく、再構成した情報を積み上げる作業です。

【参考図書】ケネス・J・ガーゲン他『現実はいつも対話から生まれる』（ディスカヴァー・トゥエンティワン）

19 生産性を高める意識がある

生産性志向のチームは、目標に向かって一致団結し、タスクを的確に進めるという特徴が見られます。メンバー同士が良好なコミュニケーションを図り、お互いの強みを活かして協力することが生産性を高めるということを知っているのです。過去の経験を活かし、改善点を見つけることで、常に進化を図るポジティブなフィードバック機能を持っています。

〈トレーニング・アイデア〉

質の高いアウトプットをするために、まずは最短の方法と作業工程を見積もることから始めましょう。残業をよしとする根性論で乗り切るような発想は捨てましょう。壁に当たったら、すぐに議論し、チーム間で解決策を導く体制を維持しましょう。

【参考図書】安宅和人『イシューからはじめよ』（英治出版）

20 チームで同じ考え方を共有している

同じ考え方を共有するチームは、意思決定が迅速で効果的です。共通のビジョンや価値観に基づき、目標に向かって一丸となって行動することのみならず、フレームワークを共通ツールとして共有し、散漫な議論をさせない工夫があります。これによって、コミュニケーションが円滑化し、意見の不一致や対立が少なくなります。結果として、チームは方向性を迷うことなく、効率的に仕事を進めることができ、迅速な意思決定や連携が強力なパフォーマンスにつながります。

〈トレーニング・アイデア〉

チームに共通言語を流行《はや》らせましょう。共通言語をお笑い芸人のギャグのように、チーム内に流行らせ、笑いで満たされるような環境を作りましょう。

【参考図書】岩井俊憲『みんな違う。それでも、チームで仕事を進めるために大切なこと』（ディスカヴァー・トゥエンティワン）

21 KGIとKPIが明確にある

KGI（Key Goal Indicator）は主要な目標を示し、KPI（Key Performance Indicator）はその達成を測定する指標のことです。これらを具体的に設定することにより、チームは目標を明確に把握し、具体的な行動や成果を追跡できます。KPIは進捗を数値で把握し、課題を早期に発見して対処できるため、チームに効果的なアクションを促し、ビジネス目標に向けて着実に進むことができます。

〈トレーニング・アイデア〉
日常生活でもKPIを意識して暮らすことは可能です。たとえば、健康目標を設定する場合、食事内容や運動量を記録し、定期的にそれらを振り返って、目標に向かっているかを確認することができます。ビジネスだけでなく、日常生活の中にも、ビジネス要素を取り入れてみましょう。

【参考図書】中尾隆一郎『最高の結果を出すKPIマネジメント』(フォレスト出版)

22｜人を育てる姿勢がある

人を育てることは、組織やチームを持続可能な状態にすることにつながります。メンバーの能力向上に注力し、教育やフィードバックを提供するため、チーム全体が成長するメリットもあります。チーム全体が新しいスキルやアイデアを取り入れることで、革新的なアプローチができるようになると共に、問題解決能力が向上します。メンバーは自己成長を重視し、個々のモチベーションが高まります。結果として、個人の成長がチームの成果に直結し、組織全体の能力が高まるのです。

〈トレーニング・アイデア〉
人に言われたことをやるのではなく、自分で考え、主張するよう意識しましょう。また、役職に関係なく、誰もが主張できる場作りを心がけましょう。そうすることによって、心理的安全性が担保されて、コミュニケーションが活発になります。

23｜チームに行動修正のフィードバックがある

【参考図書】エディー・ジョーンズ『ハードワーク』(講談社+α文庫)

ポジティブなフィードバックは、メンバーの行動を改善し、課題を解決するための貴重な情報源になります。チームはフィードバックを受け入れ、適切に対処することで、効果的な改善に導くことができます。このポジティブな循環がチーム全体の学習と成長を促し、効率性と柔軟性を持った強固なチームを形成します。

〈トレーニング・アイデア〉
一仕事終わったら、一度仕事内容を解剖・分解して、課題を発見し、行動修正を行いましょう。この行動修正が自己管理であり、仕事に責任を持つ基本姿勢となります。

【参考図書】ピーター・F・ドラッカー『マネジメント(上)』(ダイヤモンド社)

24｜あるべき姿から逆算して考える

これは、バックキャスティングともいいます。あるべき姿から逆算し、どのように進めるのか、シナリオを考える手法です。この未来起点のアプローチは、不確実性の中で、前向きにビジネスに取り組めるメリットがあります。

〈トレーニング・アイデア〉
仕事を始めるときに、常に「終わり」のことを考えましょう。「終わり」を考慮して、仕事の全体を考え、自分が果たすべき役割を明確にしましょう。そうすれば、仕事中に悩んだり、ブレたりすることが少なくなります。

【参考図書】望月安迪『目的ドリブンの思考法』（ディスカヴァー・トゥエンティワン）

ヴィジョンメイク

25 三方よしを意識している

「売り手によし、買い手によし、世間によし」。近江商人によって育まれた「三方よし」の考え方は、社会、環境、経済のバランスを重視したアプローチです。この考えは、企業の成長だけでなく、社会的責任や持続可能な環境にも配慮するものです。結果として、顧客、企業、社会全体が利益を享受し、調和のとれた環境が生まれるのです。

〈トレーニング・アイデア〉

自分の行っている事業が社会にどのように貢献しているのかを常に考えるようにしましょう。自らの利益のみを追求することをよしとせず、社会の幸せを願う精神は、21世紀の経営に求められる重要な要素です。

【参考図書】山本昌仁『近江商人の哲学』（講談社現代新書）

26 深い人間のインサイトに基づいている

深い人間のインサイトに基づくビジョンは、顧客やステークホルダーの奥底に潜む本質を理解し、新しいビジネスを創造します。これまで表層的には表れていなかった人々の深層心理や行動パターンを見出すことで、新しく顧客の感情や要求に応える事業が生まれるのです。

〈トレーニング・アイデア〉

ほかの人の仕草や発言に注目してみましょう。それが何らかの欲求や動機に関連しているかを考えることが、インサイトを探る基礎トレーニングです。仕事の顧客層に近い人たちを見つけたら、会話や仕草を観察し、インサイトを探る習慣をつけましょう。

【参考図書】桶谷功『インサイト』（ダイヤモンド社）

27 自分が心から納得し、妥協しない

自分の内なる声に耳を傾けましょう。自己の信念に基づいたビジョンは、他者を鼓舞《こぶ》し、共感を生み出します。また、妥協しない姿勢は、逆境に立ち向かい、目標に向かって努力する原動力となります。このような強いビジョンは、信頼性や説得力を持ち、組織やチームの方向性を明確にし、成果に直結するものです。

〈トレーニング・アイデア〉

他者や過去の自分と比べることはやめましょう。心の声に耳を傾けて、自分が納得するまでやりきることこそ、後悔しない行動原理です。お金や時間で測り、評価することも大事ですが、自分が「これは面白い」と思う感覚こそ大事にしましょう。

【参考図書】宮﨑克・吉本浩二『ブラック・ジャック創作秘話（全5巻）』（秋田書店）

28 地球環境に配慮している

今日、地球環境に配慮しない企業活動は、全世界から非難の対象となります。企業は、社会的責任を果たし、持続可能な未来を構築することを考えるだけでなく、実践もしなければ、投資もされない状況になっています。

〈トレーニング・アイデア〉

未来の子供たちに迷惑をかけない配慮を常に心がけましょう。自分が関わっている仕事が少しでも地球環境に悪影響を及ぼしていないか、注意しましょう。国連が掲げたSDGs「17の目標と169のターゲット」を改めて読んでみましょう。

【参考図書】松尾雄介『脱炭素経営入門』（日本経済新聞出版）

29 挑戦的な目標がある

挑戦的な目標は企業の進化を促し、競争力を高めます。この目標は、チームや組織全体を鼓舞し、成果を最大化するためのプロセス改善や新たな取り組みを生み出します。さらに、挑戦的な目標はリーダーシップを鍛え、変革を推進する力を持つ企業文化を育成します。

〈トレーニング・アイデア〉

ビジネスだけでなく、日常生活でも目標を設定するときには、少しだけ下駄を履《は》かせる意識を持ちましょう。自分の見積もりよりも少し上の目標を持つことで、ちょっとずつ自分の殻《から》を破っていきましょう。

【参考図書】ジャック・ウェルチ『ジャック・ウェルチ　わが経営（上・下）』（日本経済新聞出版）

30 未来を創る意思が込められている

未来志向のビジョンは、チームや組織を結集させ、共通の目標に向かって進む前向きなエネルギーを生み出します。未来志向は革新と探求心を鼓舞し、変化や成長を受け入れる柔軟性を育みます。また、未来志向のビジョンはリーダーシップを育み、新たな機会を追求する企業文化を醸成します。

〈トレーニング・アイデア〉

人口減少によって予測される社会問題は、高い確率で現実に起きます。たとえば、労働力不足や社会保障制度の負担増などが挙げられます。これらの問題に対処するためには、働き方の柔軟性を高め、高齢者の活躍を促進する政策を実行することが重要ですが、予測される未来に対して、個々人で準備し、対処することを怠《おこた》らないようにしましょう。

【参考図書】河合雅司『未来の年表』（講談社現代新書）、安宅和人『シン・ニホン』（NEWSPICKS BOOK）

31 社会的課題を解決する意思がある

企業の利潤追求だけでなく、社会的問題への取り組みは、企業のブランド価値や株価を高めることにつながります。また、これまでの業界を飛び越えて、新たなビジネス機会を開拓し、イノベーションを促進する原動力になります。さらに、社会課題解決のビジョンは、優れた人材を引きつけ、従業員のモチベーションと誇りを高めます。

〈トレーニング・アイデア〉

社会の「負」の部分を見つける癖をつけましょう。その負の部分を解決していくために、ビジネスで何ができるのかを考えることこそ、事業を構想するうえでの基礎トレーニングになります。

【参考図書】杉田浩章『リクルートのすごい構〝創〟力』（日経ビジネス人文庫）

32 VUCAの時代を理解している

VUCA（不確実性、複雑性、変動性、曖昧《あいまい》性）の時代には、変化が常態化し、ビジネス環境が予測不能です。この時代に適応するためには、柔軟性と適応力を持ったビジョンが必要です。変化への迅速な対応、リスク管理、イノベーション、リーダーシップの必要性が増し、VUCAを理解したビジョンは変化への対処策を提供し、持続的な成功への道筋を示します。

〈トレーニング・アイデア〉

完全な計画が意味をなさない時代になりつつあります。方向性や目標は決めつつも、ハプニングを逸することなく、飛び石伝いに偶然を取り込み、楽しめるような行動モードを目指しましょう。何が役に立つかわからなくても、気になるものはすべて記録し、偶然を逃さないようにしましょう。

【参考図書】柴田彰他『VUCA 変化の時代を生き抜く7つの条件』（日本経済新聞出版）

心構え

33 スピードを重視する

デザイン思考は、スピードを重視し、プロトタイプ（試作品）を素早く作り、実際に使ってみることで製品を磨き上げる考え方です。ビジネスにおける迅速な反応力と競争力は、もはやグローバル経済では必須の心がけです。ビジネス設計も、まずは集中して6割を素早く作り、残りの4割を実践しながら調整していくのが現代的なアプローチだといえます。

〈トレーニング・アイデア〉

自分の体のベストコンディションの時間帯を知りましょう。朝方に集中力が増す人もいれば、午前中の9〜12時が最もコンディションがいいという人もいるでしょう。自分のトップコンディションの時間帯を知ること、またトップコンディションに持っていくルーティンを知ることが、仕事をより早く効果的にしていくコツかもしれません。

【参考図書】柳川範之『東大教授が教える知的に考える練習』（草思社）

34　科学的に考える

経営者の勘だけに頼るのではなく、科学的アプローチを基礎として、客観的なデータと分析に基づいた意思決定を行いましょう。データに基づくアプローチは、リスクを最小限に抑え、意思決定の精度を高め、事業を着実に進めることに寄与します。科学的アプローチによって、誤った仮説や観念から解放され、持続的な成長と競争力を高めます。

〈トレーニング・アイデア〉

ビジネスはすべて数字で把握するようにしましょう。市場規模、ターゲット数、競合の売上数、ウェブのアクセス数、コンバージョン率など、すべて数字で把握しているでしょうか。ビジネス全体を数字で管理し、自分のプラン通りに動いているか、科学的な視座で見るようにしましょう。

【参考図書】マーク・ジェフリー『データ・ドリブン・マーケティング』（ダイヤモンド社）、森岡毅・今西聖貴『確率思考の戦略論』（KADOKAWA）

35　シンプルに考える

複雑な情報を、複雑なまま理解することはたいへん難しいし、時間がかかります。シンプルに考えるということは、その奥に潜む本質を捉え、その大事な情報が大枠でどういった構造をしていて、どのようなメカニズムで動いているのかを把握することです。こうした考え方は、情報の明瞭化と作業時間の効率化をもたらし、さらにコミュニケーションを円滑にし、理解を深めます。

〈トレーニング・アイデア〉

大きな塊《かたまり》、複雑な塊をほぐして、小さく、わかりやすい形に分けて考える癖をつけましょう。さらに、分けた塊に優先順位をつけて、順位の高い仕事から片づけていきましょう。また、やることではなく、「やらないこと」を決めましょう。すると、優先順位がクリアになります。

【参考図書】山口周『外資系コンサルの知的生産術』（光文社新書）

36　事業に対する主体性がある

主体性を持って事業に取り組むということは、その仕事の当事者としての自覚がある証です。その自覚は仕事のイニシアチブを取り、問題解決に積極的に取り組む姿勢を生み出します。これは、ライフキャリアを構想し、実装するうえで非常に重要な心構えです。会社で与えられた業務に主体性を発揮できるのであれば、自分がオーナーの事業では、さらに強い主体性を発揮することができるでしょう。

〈トレーニング・アイデア〉

常に自分が仕事のオーナーだと思って取り組みましょう。オーナーシップは、個人の成長や仕事の質を高める原動力です。いつか自分の身銭を切って小さなビジネスを行うとき、最も大事なのはオーナーとしての責任と自己管理です。

【参考図書】ジョッコ・ウィリンク、リーフ・バビン『米海軍特殊部隊（ネイビー・シールズ）伝説の指揮官に学ぶ究極のリーダーシップ』（CCCメディアハウス）

37 シナジーを意識する

シナジー効果を発揮することができれば、ビジネスのパワーが大きくなり、大きな利益につながります。異なる要素や部門が協力し、相互補完することで、組織全体のパフォーマンスが向上します。さらに、シナジーは、リソースや人材の最適利用、効率的な業務プロセスの確立を促進し、コスト削減や生産性の向上につながります。結果として、組織全体の競争力が高まり、持続的な成長と成功につながります。

〈トレーニング・アイデア〉

会社の中では業績評価が影響し、各部門間で自己完結しがちです。部門の壁を越えて、関係ある部署の方々とコミュニケーションをとりましょう。仕事中に疲れたり、眠くなったりしたら、気分転換に社内散歩をしてみましょう。そして、関係各所のデスクを回り、仕事の進捗や他業務の負担を把握しておくと、部門を超えたシナジーが生まれやすくなります。

【参考図書】デーヴィッド・A・アーカー『シナジー・マーケティング』（ダイヤモンド社）

38 最後までやり抜く意志がある

最近のビジネス用語でいうグリットが「やり抜く力」の意味です。困難や失敗にも屈せず、目標達成に向けて粘り強く努力する姿勢は、組織やチームに大きな影響を与えます。これらの資質は、挫折から立ち直り、新たな解決策を見つける能力を育みます。最後までやり抜く姿勢は、信頼性と責任感を示し、組織内外での信頼を構築するものです。

〈トレーニング・アイデア〉

自己成長を第一の評価軸にしましょう。辛くても成長がともなえば、楽しくなるものです。また、何事もやり続けるには、タスクを小さくして、やり遂げる達成感の頻度を高くするのがコツです。何か一つでも小さな達成感を感じるように仕事の配分を心がけましょう。

【参考図書】アンジェラ・ダックワース『やり抜く力』（ダイヤモンド社）

39 学び続ける

学び続けるということは、常にチーム組織の新陳代謝を促し、進化するという意味です。新しいアイデアやスキルを積極的に取り入れ、業務を改善する姿勢は他の従業員にも影響を与え、全体のモチベーションと能力を向上させます。従業員がビジネス経験から学び続ける姿勢を忘れなければ、企業の競争力は強化され、時代の変化に素早く対応できる組織体になるでしょう。

〈トレーニング・アイデア〉

人間にはいつでも、どこにでも発見の驚きと知る喜びがあります。工場の中にも、お店にも、顧客にも、あらゆるところに学びの種があるものです。その種をできる限りたくさん見つけましょう。私たちは学び続けて、多くの花を咲かせることができるのです。

【参考図書】浦沢直樹『MASTERキートン』（小学館）

40 ─ 好奇心を持ち続ける

好奇心を持ち続けることは、ビジネスにとって新しいアイデアや事業を生み出す源泉です。この姿勢があれば、ふだんの暮らしの中にも、クライアントとの打ち合わせの中にも、あらゆる場面で、創造的なアイデアのヒントを見出すことができるでしょう。好奇心を持つことは、ビジネスにおいても新しいアイデアの種を集めるための基本姿勢なのです。

〈トレーニング・アイデア〉

マイ好奇心図鑑を作りましょう。一日一好奇心。心がプルッとしたものを記録し続けましょう。すると、もっと知りたい、気になるテーマがムクムクと立ち上がってきます。これは仕事も研究も同じです。自分の感情が揺れ動いたものをテーマに据《す》えることこそ、モチベーションの源泉になるのです。

【参考図書】波多野誼余夫、稲垣佳世子『知的好奇心』（中公新書）

巻末付録

補足資料2

ライフキャリア研修ワークシート

LIFE CAREER

A-1 ｜本業におけるビジネス経験の棚卸し（ワーク）

A-1 ｜本業におけるビジネス経験の棚卸し

これまであなたはどのような仕事を経験してきましたか？　そして、その経験を通じて、

「ビジネスの知識・スキル・マインド」で、あなたに身についているものをすべて書いてみましょう。

ビジネス経験の棚卸し	
ビジネス知識 （知っていること）	**Q**：あなたがこれまでビジネスで身につけた知識にはどのようなものがありますか？　その中でもとくに大事で、ビジネスに必要だと思う知識は何ですか？
ビジネススキル （形にできること）	**Q**：あなたがこれまでビジネスで身につけたスキルにはどのようなものがありますか？ プログラミングやエクセルの統計、語学など専門的なテクニカルスキルと、プレゼン術、交渉術、リーダーシップなど対人関係をよくし、ビジネス生産性を高めるヒューマンスキルがあります。
ビジネスマインド （心構え）	**Q**：あなたはビジネスに対して、どのような心構えで臨んでいますか？ 考えられるものをすべて書き出してください。

ダウンロードはこちらから
cfml21.com/contact-dl

A-2 ｜「ビジネス創造資産」+40型チェック

「ビジネス創造資産」+ 40 型チェック

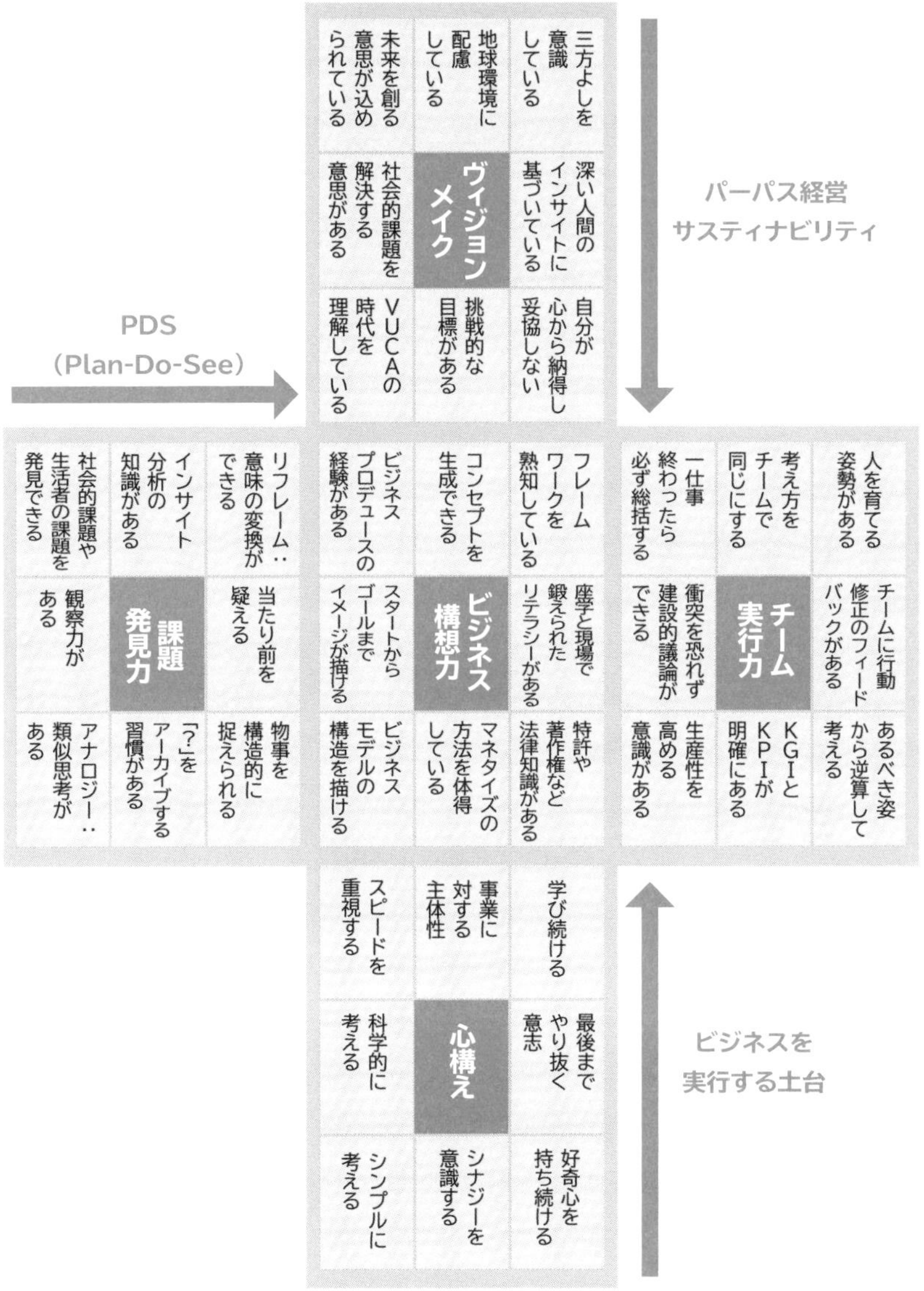
パーパス経営
サスティナビリティ
PDS
(Plan-Do-See)
ビジネスを
実行する土台
ヴィジョンメイク
三方よしを意識している
地球環境に配慮している
未来を創る意思が込められている
深い人間のインサイトに基づいている
社会的課題を解決する意思がある
自分が心から納得し妥協しない
挑戦的な目標がある
VUCAの時代を理解している
チーム実行力
人を育てる姿勢がある
考え方をチームで同じにする
一仕事終わったら必ず総括する
チームに行動修正のフィードバックがある
衝突を恐れず建設的議論ができる
あるべき姿から逆算して考える
KGIとKPIが明確にある
生産性を高める意識がある
ビジネス構想力
フレームワークを熟知している
コンセプトを生成できる
ビジネスプロデュースの経験がある
座学と現場で鍛えられたリテラシーがある
スタートからゴールまでイメージが描ける
特許や著作権など法律知識がある
マネタイズの方法を体得している
ビジネスモデルの構造を描ける
課題発見力
リフレーム：意味の変換ができる
インサイト分析の知識がある
社会的課題や生活者の課題を発見できる
当たり前を疑える
観察力がある
物事を構造的に捉えられる
「?」をアーカイブする習慣がある
アナロジー：類似思考がある
心構え
学び続ける
事業に対する主体性
スピードを重視する
最後までやり抜く意志
科学的に考える
好奇心を持ち続ける
シナジーを意識する
シンプルに考える

A-2 ｜本業における「ビジネス創造資産」の棚卸し

A-2 ｜本業における「ビジネス創造資産」の棚卸し

前ページの「ビジネス創造資産」を参考に、今自分が保有している資産を以下のフォーマットに書き出してみましょう。最後に、５つのカテゴリーで棚卸しした中から、もっとも自分が強みとするビジネス創造資産を５つ選択してください。

項目	該当数	保有しているビジネス経験の棚卸し
心構え	/8	
ヴィジョンメイク	/8	
課題発見力	/8	
ビジネス構想力	/8	
チーム実行力	/8	
合計	/40	上記で特筆すべきものを５つ選択

ビジネス創造資産をチェック

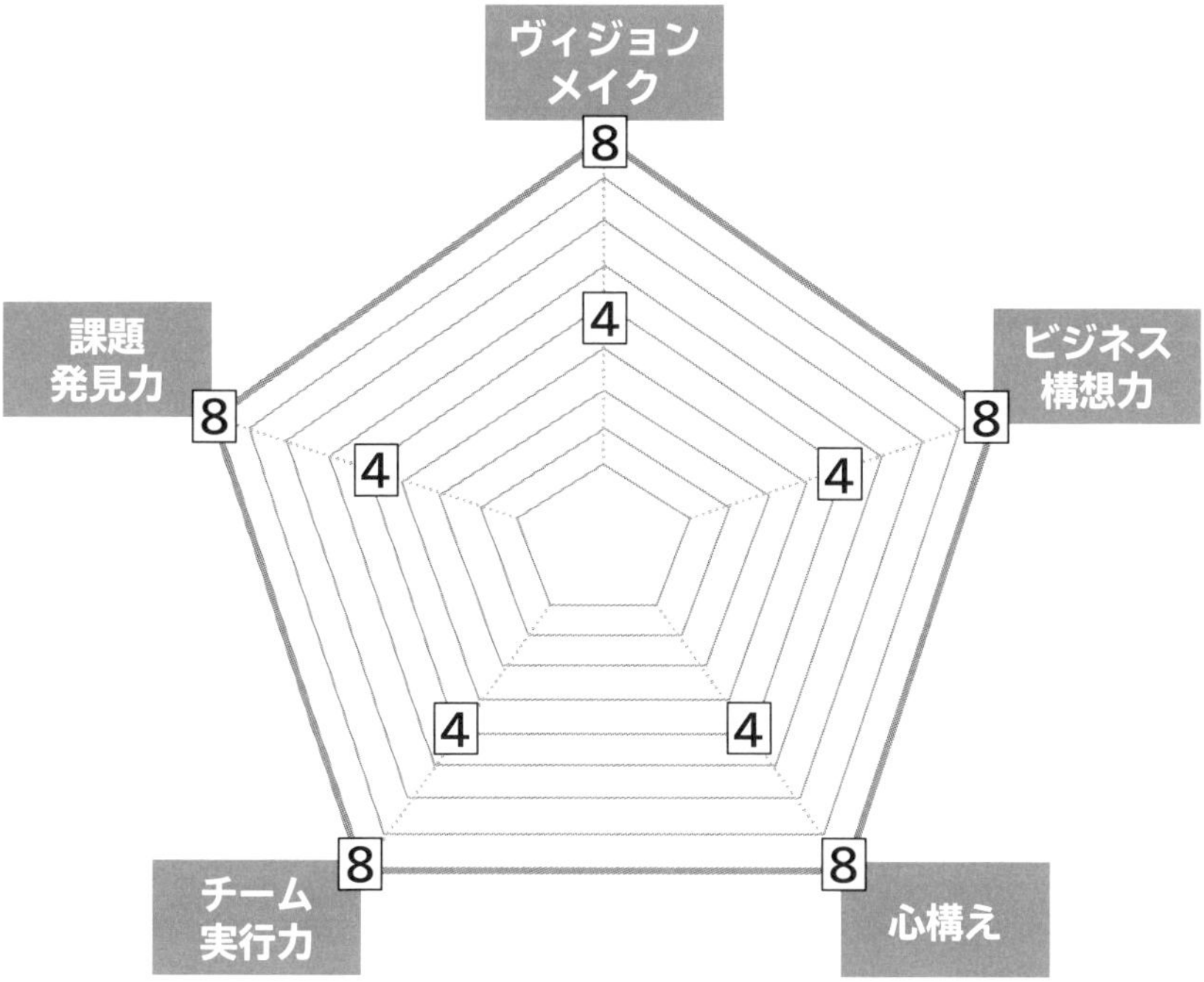

B-1 ｜プライベートにおける学び・趣味（自己投資）の棚卸し

B-1 ｜プライベートにおける学び・趣味（自己投資）の棚卸し

現在、あなたが自己投資しているものを棚卸ししてみましょう。その際に、本業に関連する自己投資は上の記入欄に、完全な趣味に関しては下に書き込んでみましょう。

Q：本業に関連する学びに関して、自己投資しているものがあれば、以下に書き込んでみましょう。

例）プログラミング、WEBデザイン、MBAなど

Q：完全に趣味で、自己投資して楽しんでいるものがあれば、以下に書き込んでみましょう。あるいは、学生時代に得意だったものも書いてみましょう。

例）キャンプ、料理、写真、絵を描く、サッカー など

B-2 ｜プライベートにおける特技（自立資産）の顕在化

B-2 ｜プライベートにおける特技（自立資産）の顕在化

B-1で挙げたものを参考に、あなたが人より得意なもので、何か教室を開くとします。
あなたはどんな教室を開きますか？　その内容は、どのようなものですか？

教室

Q：どのような内容を教えますか？

Q：この教室の受講者はどういう方を想定していますか？

Q：どのような方針で教室を運営しますか？

Q：この教室をよりよくするためにどんなことをすべきですか？

Q：この教室を開く意味は？

C｜パーソナル・ビジネス｜ Career Building Block（キャリア・ビルディング・ブロック）

C｜パーソナル・ビジネス（資産融合）

これまで棚卸ししてきたあなたの資産の中から、各ブロック３～５つ、自分の強みだと思うものを選び、以下のフレームを埋めてみましょう。

そして、その資産を組み合わせて、自分だけのオリジナル・アセットを想像してみましょう。

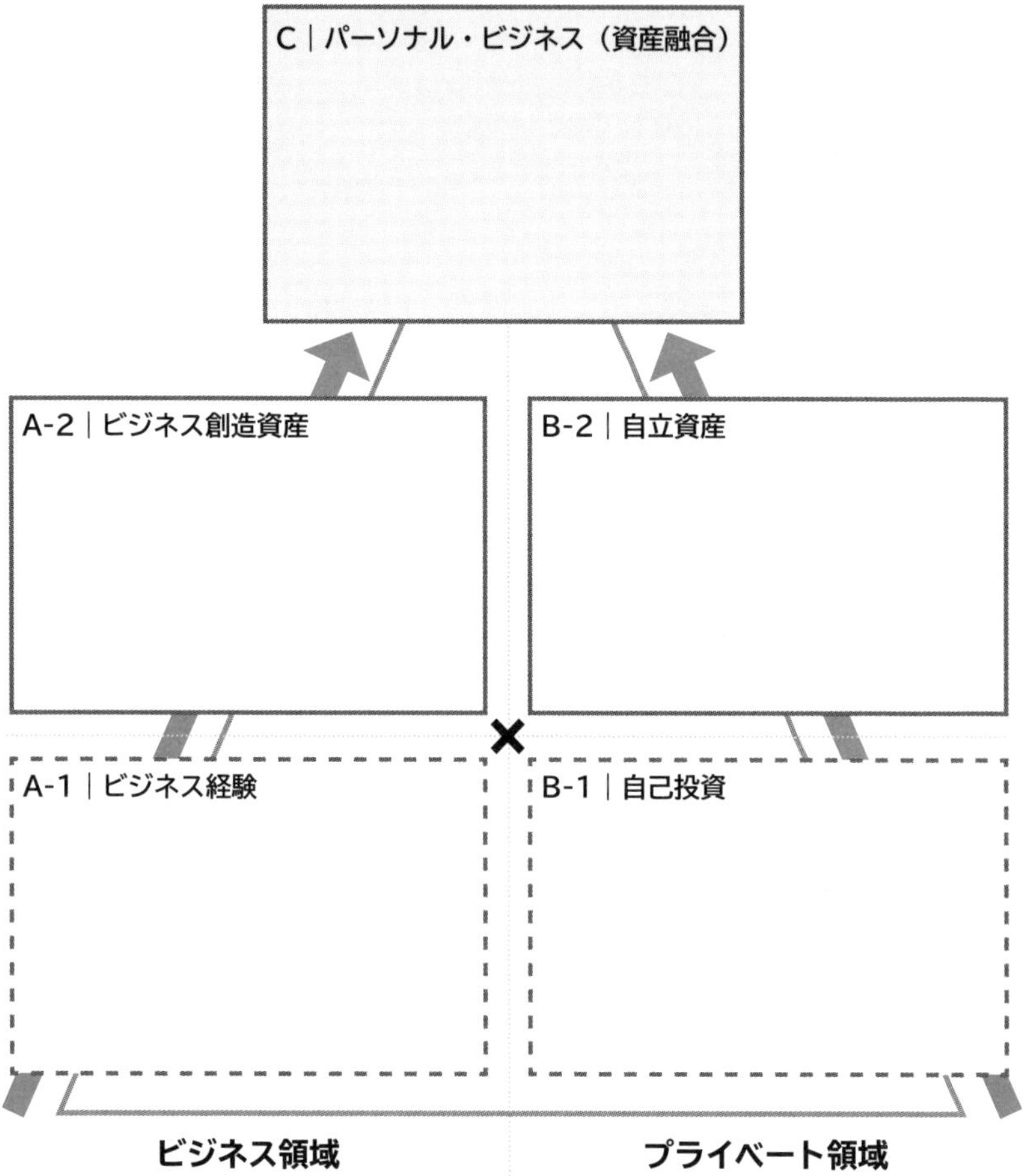

ITリテラシー（現代の読み書きソロバン）チェックシート（W15）

カテゴリー1	カテゴリー2	項目	チェック	
コンテンツ創造	ライティング	ブログを書いている	□	コンテンツ創造
		SNS投稿をしている	□	
	編集	生成AIを使っている	□	
		画像加工ができる	□	／4
情報拡散	情報発信	3つ以上SNSを使っている（Facebook、X、Instagram、YouTube、TikTok）	□	情報拡散
		フォロワーが1000人以上いるSNSがある	□	
		オンライン配信スキルがある	□	
	コミュニティ	オンラインMTGができる	□	
		イベントを主催したことがある	□	
		オンラインコミュニティを主催・参加している	□	／6
WEB基盤構築	WEBマーケティング	ホームページが作れる	□	WEB基盤構築
		WEB分析ツールを使える	□	
		WEB広告を出稿したことがある	□	
	クラウドサービス	クラウド会計サービスを使っている	□	
		クラウドソーシングで受注したことがある	□	／5

TOTAL　／15

キャリア未来地図研究所

https://cfml21.com/

ライフキャリアに関するセミナーやイベント情報を知りたい方はこちらのHPからご覧ください。

原尻淳一（はらじり・じゅんいち）

株式会社HARAJIRI MARKETING DESIGN 代表取締役。一般社団法人みつかる＋わかる代表理事。龍谷大学客員教授。事業構想大学院大学事業構想研究所客員教授。1972年埼玉県生まれ。龍谷大学大学院経済学研究科修士課程修了。大手広告代理店入社後、エイベックスグループに転職。多くのアーティストのマーケティング、映画の宣伝戦略、アニメの事業計画立案を行う。現在はレコード会社、芸能プロダクション、飲料メーカーや広告代理店等、幅広い業界でマーケティングコンサルタントとして活躍している。また、大学教授として、マーケティング・エンタテインメント・教育を掛け合わせた活動もしている。ベストセラーとなった「ハック」シリーズ（東洋経済新報社）ほか著書多数。

千葉智之（ちば・ともゆき）

合同会社GENSO代表。キャリア未来地図研究所共同所長。1973年広島県生まれ。広島大学経済学部卒業後、鹿島建設株式会社に新卒入社し大規模プロジェクトを手掛ける。31歳で総合メディア企業へ転職するという異色のキャリア。美容業界向け経営支援スクール部門およびリサーチ部門の責任者として会員7万人の業界最大規模の経営支援スクールを設立し、講師としての延べ受講者人数実績は1万人を超える。2011 ～ 2017年、立教大学経営学部兼任講師。著書には『出逢いの大学』『やる気の大学』（以上、東洋経済新報社）、『「キャリア未来地図」の描き方』（ダイヤモンド社）などがある。

ライフキャリア

人生を再設計する魔法のフレームワーク

2024年4月26日　第1刷発行

著　者　原尻《はらじり》 淳一《じゅんいち》＋千葉《ちば》智之《ともゆき》

発行者　鈴木勝彦
発行所　株式会社プレジデント社
〒102-8641
東京都千代田区平河町2-16-1　平河町森タワー13階
https://www.president.co.jp/
電話　03-3237-3732（編集）/03-3237-3731（販売）

装　幀　小口翔平＋畑中茜（tobufune）
本文組版・図版　朝日メディアインターナショナル株式会社

販　売　桂木栄一　高橋 徹　川井田美景　森田 巌
末吉秀樹　庄司俊昭　大井重儀
編　集　村上 誠
制　作　関 結香

印刷・製本　中央精版印刷株式会社

ISBN978-4-8334-4062-2
Printed in Japan